中国金融学

总第二十一辑

清华大学公共经济、金融与治理研究中心
四川大学金融研究所
浙江大学互联网金融研究院
中国人民大学国际货币研究所

中国金融出版社

责任编辑：吕　楠
责任校对：孙　蕊
责任印制：陈晓川

图书在版编目（CIP）数据

中国金融学．总第二十一辑/清华大学公共经济，金融与治理研究中心等编．—北京：中国金融出版社，2019. 10
ISBN 978－7－5220－0249－1

Ⅰ.①中…　Ⅱ.①清…②金…　Ⅲ.①金融学—中国—文集　Ⅳ.①F832－53

中国版本图书馆 CIP 数据核字（2019）第 189547 号

中国金融学
Zhongguo Jinrongxue
出版
发行　中国金融出版社
社址　北京市丰台区益泽路 2 号
市场开发部　(010)63266347，63805472，63439533（传真）
网 上 书 店　http://www.chinafph.com
　　　　　　(010)63286832，63365686（传真）
读者服务部　(010)66070833，62568380
邮编　100071
经销　新华书店
印刷　保利达印务有限公司
尺寸　180 毫米×255 毫米
印张　10
字数　185 千
版次　2019 年 10 月第 1 版
印次　2019 年 10 月第 1 次印刷
定价　49.00 元
ISBN 978－7－5220－0249－1

《中国金融学》编辑委员会

《中国金融学》学术委员会

目　录

房地产金融化：界定、表现及其经济效应

李建军[①] 韩 珣[②]

摘 要 随着经济金融化进程的到来，我国房地产金融化趋势也日益明显。本文结合房地产行业的特性，对房地产金融化的概念进行界定，并利用2004—2015年全部A股上市公司和分省面板数据，从企业和宏观层面对房地产金融化的经济效应进行实证检验。本文研究发现：（1）行业层面上，投资性房地产对企业生产性投资具有挤出效应，并且这种效应在融资约束弱的企业，政府与市场脱节、金融化程度低、金融业竞争强度弱的区域更为显著；（2）资金层面上，开发商和购房者对银行信贷的过度依赖会通过成本转嫁和刺激潜在需求两种渠道促进房价水平的上涨；（3）交易层面上，房地产市场上供求双方的投机行为是导致房价与经济基本面偏离、房价持续波动的主要原因。

关键词 房地产金融化 挤出效应 投机 影子信贷

1. 引言

2008年国际金融危机的爆发将“金融化”“影子银行体系”的概念带入我们的视野。随着全球经济活动的重心由生产经营活动转移到金融投资活动，金融市场已经脱离原有为实体经济融资的初衷，逐渐变成一个投机、赚钱的金融市场。经济金融化的背景下，金融部门独立于实体部门，成为一个巨大的磁场，集聚社会闲置资源，在促进就业、产出、利润积累的同时，也会加剧金融资源错配、产业空心化趋势，甚至导致金融危机的发生。目前，国内外很多学者从不同角度对“金融化”的概念进行界定。“金融化”既可以从宏观经济层面上理解成金融部门在经济运行中的地位逐渐提升，也可以被视为因微观主体投机性增强而引发的行为效应（Krippner，2011；张成思、

① 李建军，中央财经大学金融学院院长，教授，博士生导师。主要研究领域为货币金融、影子银行与民间金融、互联网金融与普惠金融。近年来，先后主持国家社会科学基金项目2项、国家自然科学基金项目2项，教育部人文社科基金规划项目2项，其他项目多项。在国际SSCI期刊发表论文4篇，在国内CSSCI核心期刊《经济研究》《金融研究》《国际金融研究》《数量经济技术经济研究》等学术刊物公开发表论文数十篇。

② 韩珣，任职于北京第二外国语学院经济学院。近年来，在《经济研究》《金融研究》《中国工业经济》*Emerging Markets Finance and Trade*、《国际金融研究》《兰州大学学报（社会科学版）》《中央财经大学学报》等国内外核心期刊发表论文多篇，联系电话：17801031925，地址：北京市海淀区学院南路39号，邮政编码：100081。

张步昙，2015）。已有文献从金融经济内部构成的比例关系、金融部门的过度膨胀、企业的趋利性投资行为等方面阐释金融化的内涵，但仍然没有达成共识（王芳，2004；Gehringer，2013；谢家智等，2014）。

房地产行业是游走于实体经济和虚拟经济之间的边缘性产业。房地产部门既是物质生产部门，从事开发、建设、经营等正常经济活动，也与金融业、保险业同被归属于“泛金融部门”，在一定程度上具有金融部门高杠杆、投机性、资金回报率高的特点。一方面，房地产行业产业链条长、关联行业多，能拉动对钢材、水泥、化工、电器等相关行业的需求（许宪春等，2015）；另一方面，房地产部门的过度繁荣会导致土地、劳动力要素价格扭曲，进而导致制造业利润被压缩、资源错配等负面影响（李畅等，2013；罗知、张川川，2015；陈斌开等，2015）。随着我国实体经济增长放缓、影子银行体系的发展以及金融市场投机性增强，房地产行业逐渐出现金融化趋势。鉴于房地产部门的特殊性，其金融化趋势体现在不同层面，但目前很少有文献对房地产金融化的内涵和经济效应进行系统性的分析，我们拟对这一领域的研究做出一定的补充。

本文首先在现有文献研究的基础上，结合房地产行业自身的特点，从行业层面、资金层面和交易层面对房地产金融化的内涵进行界定；其次，利用2004—2015年全部A股上市公司的数据，实证检验投资性房地产对企业投资的“挤出效应”，并进一步探究企业微观异质性和区域环境对房地产金融化效应的差异性影响机制；再次，经验分析房地产行业对金融资本的过度依赖对房价水平的影响，以及房地产市场的过度投机性行为对房价波动的影响；最后，提出抑制房地产金融化的政策建议。

2. 文献综述

2.1 金融化的内涵

目前，相关文献主要从经济部门之间的动态关系以及微观主体的行为选择两个方面入手研究经济金融化现象。Krippner（2005）将金融部门在经济活动中的过度膨胀定义为金融化，并从金融行业对经济增长的贡献以及企业部门的利润积累方式两个角度考察美国经济金融化的进程。王芳（2004）以金融相关比率（FR）作为经济金融化的衡量指标，实证检验了经济金融化对产业结构调整的影响，研究发现金融调整的滞后性、无序性、渗透差异性是导致金融机构与产业结构匹配度较低的主要原因。从经济主体的行为选择上看，金融化实质上是投机者为了获取资本收益的流动性转移行为，这会进一步加剧社会收入两极分化程度（Arrighi，2010；Philips，2002）。鲁春义（2016）通过构建异质性主体性行为机制的博弈模型，探究金融微观主体之间经济关系和金融关系的动态演变，研究发现金融主体的攫利行为和非金融主体的生产交换行为之间的矛盾是不可调和的，政府放任自由的市场环境必然会引发社会危机。宋军、陆旸（2015）认为非金融企业为攫取高额金融收益，有增持金融资产的动机，经营绩效强和经营绩效弱的企业受富余效应和替代效应的影响，金融化倾向更加强烈。制造业过度金融化将会加剧“产业空心化”和“资产泡沫化矛盾”，进而会抑制企业的技术创新行为（谢家智等，2014）。金融市场上投机者基于对未来商品价格水平的预期，有规律地将资金从市场上释放和撤出，会导致商品价格偏离供求基础面以及资本聚集和资本轮动的发生（张成思，2014）。

2.2 房地产行业对宏观经济的影响

房地产行业是国民经济中的一个特殊行业，其对实体经济兼具促进效应和挤出效应。房地产行业的发展能够拉动建筑业、制造业等第二、第三产业的需求，进而促进经济增长（吴海英，2007）。但这种促进效应很可能会被房地产过度增长带来的土地、劳动力等生产要素价格的上涨而抵消（黄静、屠梅曾，2009）。房地产具有消费品和投资品的双重属性，金融以及房地产行业利润的高企必然会滋生微观主体潜在的投机需求，实体部门会将资源和精力逐渐转移到房地产行业进行投机套利，从而加剧产业空心化趋势（梁云芳、高铁梅、贺书平，2006；吴海民等，2012）。李畅等（2013）研究发现房地产投资与制造业投资呈“倒U”形关系，并且我国房地产投资额已经趋于挤出点的“临界值”。可见，房地产行业的过度繁荣会导致趋利性资金的周期性流动，抑制企业正常生产经营和技术创新活动，加速经济脱实向虚。

对房地产价格的相关研究中，谭政勋、陈铭（2012）采用PMG法分析房价失衡的原因，认为从长期来看，人均收入是抬高房价的主要因素，而银行贷款对短期房价具有明显的推动作用。梁云芳、高铁梅（2007）从区域角度探究信贷规模对房价的影响，研究发现银行信贷对东、西部地区长期房价水平和短期房价波动的作用是显著的，但中部地区受影响较弱。信贷扩张是导致房价暴涨暴跌的主要原因（Bernanke B. et al.，1996；谭政勋，2012）。随着传统金融机构对房地产行业贷款的收紧，由小额贷款公司、融资担保公司、互联网金融以及民间金融等提供的过桥贷款逐渐被广泛地运用于房地产开发商和购房者融资（李建军、韩珣，2016）。徐建炜等（2012）提出人口结构变化也会导致房价上涨，少年人口抚养比例的增加会拉高房价，老年人口抚养比例的效应却相反。陆铭等（2014）基于地级市数据研究发现，外来人口的增加会促进房价上升。此外，收入增加也是拉动房价上涨的主要原因（李仲飞、张浩，2015；邹至庄、牛霖琳，2010）。

房地产具有普通商品和投资品的双重属性，因此投资价值增强必然会引起住房的价格偏离商品价值规律。高波等（2014）通过对30个大中城市的面板数据实证检验发现，纵向来看，我国房价在1999—2011年期间出现了泡沫积聚、加速膨胀以及泡沫消散的过程，横向对比发现东部发达地区的房价泡沫水平远高于中西部地区，大部分城市的房价水平都偏离了供求基本面。李仲飞等（2015）通过双边异质预期蛛网模型分析了房价的内生演化机制，认为房地产开发商和技术分析者的预期是房价波动的根源，基本面分析者的预期对房价几乎没有影响。张亚丽、梁云芳、高铁梅（2011）提出居民对人均实际收入和房地产收益率的预期是导致房价非理性上涨和剧烈波动的主要原因。况伟大（2010）的研究表明，消费性需求对房价波动影响较小，但投机性需求会增加房价波动。Ortalomagne 和 Rady（2006）研究发现收入与交易量的增加会促进房价上涨。居民收入的波动以及人口结构的变化也会影响房价水平（Ortalo－magne 和 Rady，1999；Nieuwerburgh 和 Weill，2010）。

本文将研究视角集中在房地产行业的金融化现象上，在已有对“金融化”相关研究的基础上，结合房地产行业的特点，从行业层面、资金层面和交易层面界定“房地产金融化”的内涵。并运用上市公司微观数据、省市宏观数据对房地产金融化的“挤出效应”“成本效应”“偏离效应”进行实证检验。最后提出相关的政策建议。与已有研究相比，本文的贡献主要在于：第一，之前国内外学者大多从金融部门相对于实体经济的非对称性膨胀、非金融企业的金融资产投资、市场微观主体的投机性行为等方面定义经济金融化，本文跳出已有研究的范畴，将重点放在房地产部门上，从不同层面定义房地产金融化。第二，目前已经有大量文献从不同角度对房地产行业与经济增长、货币政策与金融稳定之间的动态关系展开了深入的探讨。本文以房地产金融化趋势为切入点，利用2004—2015年全部A股上市公司以及省际面板数据对房地产金融化的经济效应进行系统的分析。

3. 理论分析与经验模型

“金融化”即经济体本身表现出类似于金融的性质或状态（张成思、张步昙，2015）。房地产金融化可以被定义为房地产逐渐表现出金融部门、金融产品的特性，也可以被理解为房地产与金融部门之间的联系更为紧密，对金融资本的依赖性不断加深。房地产行业对制造业在物质生产和资源配置上促进与挤出机制并存，房地产金融化导致房地产部门也与金融部门一样成为企业流动性释放、参与者投机的途径，金融资本从非金融企业部门向房地产行业逆向流出，实体行业将遭受重创。房地产市场流动性的增强必然会强化市场参与主体的投机性，进而出现房价非理性上涨，甚至诱发房地产泡沫的产生。目前，房地产行业与金融体系的联系逐渐加深，房地产开发商和购房者对正规和非正规信贷资金的需求旺盛。可见，房地产金融化可以体现在对实体部门的冲击、对信贷资金的过度依赖以及市场过度投机三个方面。因此，本部分将在房地产界定的基础上，理论分析房地产行业层面、资金层面和交易层面金融化的经济效应，并构建实证检验模型。

3.1 行业层面

房地产部门具有金融部门的特点，能够吸引投资性和投机性资金的涌入（况伟大，2010；张漾滨，2012）。随着我国实体投资机会减少、泛金融部门利润高企，越来越多的实体部门逐渐撤出原有主营业务的投资，将大量资金投放到房地产行业。金融资本从实体部门向房地产部门的转移，必然会降低企业生产性投资，加剧产业空心化趋势。从行业层面上看，房地产金融化会导致非金融企业部门从事投资性房地产投资的意愿更为强烈，从而会挤占原有对固定资产和无形资产的投资规模。因此，在理论分析的基础上提出假设1。

假设1：企业投资性房地产会挤出生产性投资。

我们选取2004—2015年全部A股上市公司的数据，剔除金融、房地产以及ST企业进行经验分析，数据来源为国泰安数据库，所有变量的定义如表1所示，构建模型如下：

$$Inv\_FA_{it} = \alpha_0 + \alpha_1 Inv\_RE_{it} + \alpha_2 Cash_{it} + \alpha_3 Nature_{it} + \alpha_4 Growth_{it} + \alpha_5 Roa_{it} + \alpha_6 Lev_{it} + \alpha_7 Size_{it} + \alpha_8 Indepdirector_{it} + \alpha_9 Controlshare_{it} + u_i + \varepsilon_{it} \tag{1}$$

3.2 资金层面

房地产行业属于资本密集型行业，与其他行业相比，外部融资需求更为强烈，从土地购置到房屋建造再到房屋销售的整个链条都需要大量资金的投入。房地产对资金的过度依赖表现在房地产开发商和购房者对信贷资金的需求。目前，我国房地产开发资金来源中银行贷款占比在14%左右。但鉴于房地产政策的变化以及监管部门对房地产行业贷款的收紧，房地产行业的资金结构也发生了显著的变化，以房地产中介机构、小额贷款公司、互联网金融机构为代表的影子信贷市场逐渐成为房地产行业信贷资金的重要来源（李建军、韩珣，2016）。随着经济金融化序幕的拉开，房地产部门与金融部门之间的互动和关联性逐渐增强，一方面，房地产行业对正规金融机构和影子信贷资金的依赖性不断增强；另一方面，金融部门更倾向于为房地产行业融通资金。金融体系对房地产行业的过度支持将会加剧房地产泡沫（周京奎，2005）。谭政勋、王聪（2011）通过构建GARCH模型发现，中长期贷款的增加是导致房价上涨的重要因素。房地产开发贷款和购房贷款的增加会通过成本加成以及刺激潜在需求的机制导致房价上涨，因此我们提出假设2。

假设2：房地产行业对银行贷款的过度依赖会促进房价上涨。

为了检验房地产行业资金层面金融化对房价的影响，本文运用2004—2015年省际面板数据进行实证检验，数据来源为中经网。我们采用商品房销售总额与销售面积的比值来测算房价，并利用历年分省居民消费价格指数将价值型指标进行消长和取对数处理，实证模型如下所示：

$$HP_{it} = \alpha_0 + \alpha_1 X_{it} + \alpha_2 Pop\_total_{it} + \alpha_3 GDP_{it} + \alpha_4 Findev_{it} + u_i + \varepsilon_{it} \quad (2)$$

其中，HP_{it} 为实际房地产价格，X_{it} 表示房地产开发贷款和人均购房贷款，控制变量为总人口、人均地区生产总值和金融发展水平。

3.3 交易层面

房地产实质上是介于普通商品和金融产品之间的资本品，具有使用价值和投机价值。房地产的投资属性，使得其在流动性、投机性以及资本聚集等方面逐渐表现出与金融产品相似的特性。随着房地产金融化程度的进一步加深，房价将与原有价格运行规律背离，金融资本的聚集和轮动将成为影响房价波动的主要决定因素（张成思等，2014）。目前，国内外一部分学者提出人均收入、人口数量、建造成本等基础因素已经无法完全解释房价的大幅上涨，投机行为成为房价上涨的推动因素（高波等，2014；Milhed 和 Zemcik，2009）。房屋具有消费与投资的双重属性，持有一套房产等价于购买了一份看涨期权。因此，市场参与者对未来房价的预期在一定程度上决定了房价偏离基本面的程度（李仲飞等，2015）。况伟大（2010）探究了预期和投机对房价的影响，并提出当消费需求占主导时，房价波动越小；投机需求占主导时，房价波动越大。鉴于此，我们提出假设3。

假设3：房地产行业的过度投机行为会加剧房价波动。

本文分别探究供给方和需求方的过度投机行为对房价波动的影响，采用房价水平的对数增长率来衡量房价的波动，并用土地购置面积增长率、房地产开发投资增长率、商品房销售面积增长率、商品房销售额增长率四个指标考察房地产开发商和购房者交易层面金融化对房价波动的影响机制，模型如下：

$$HP\_vol_{it} = \alpha_0 + \alpha_1 Z_{it} + \alpha_2 Pop\_total\_g_{it} + \alpha_3 GDP\_g_{it} + \alpha_4 Findev\_g_{it} + u_i + \varepsilon_{it} \quad (3)$$

其中，HP_vol_{it} 是房价波动，Z_{it} 表示房地产交易层面金融化的四个代理指标，并且在模型中控制人口、人均地区生产总值和金融发展水平增长对房价波动的冲击。

表1　变量定义

变量	描述	测算方法
Inv _ FA	企业生产性投资	固定资产净额、在建工程净额、工程物资、生产性生物资产净额、油气资产净额、无形资产净额、开发支出加总/期末总资产
Inv _ RE	投资性房地产	投资性房地产/期末总资产
Cash	现金持有量	货币资金/期末总资产
Nature	企业性质	国有企业为1，非国有企业为0
Growth	主营业务收入增长率	本期主营业务收入/上期主营业务收入 - 1
Roa	盈利能力	净利润/期末总资产
Lev	财务杠杆	总负债/总资产
Size	公司规模	总资产的对数
Indepdirector	独立董事占比	独立董事规模人数/董事会总人数
Controlshare	控股股东持股比例	控股股东持股数量/总股本
Finconsize	融资约束公司规模指标	分行业分年度设置公司规模中位数，低于中位数为融资约束高，高于中位数融资约束低
Finconnature	融资约束企业性质指标	非国有企业融资约束高，国有企业融资约束低
FinconKZ	融资约束 KZ 指数	借鉴 Kaplan 和 Zingales（1997）构建 KZ 指数
HP	房价	商品房销售额/销售面积的对数值
Devloan _ RE	房地产开发贷款	房地产开发贷款的对数值
Purloan _ RE	人均购房贷款	地区个人消费贷款占比 × 全国购房贷款/总人口的对数
Pop _ total	总人口	地区总人口的对数值
GDP	人均地区生产总值	人均地区生产总值的对数值
Findev	金融发展水平	地区金融机构贷款总额/地区生产总值
HP _ vol	房价波动	本期与上期房价的对数差
Land _ area _ g	土地购置面积增长率	本期与上期土地购置面积的对数差
Sale _ area _ g	商品房销售面积增长率	本期与上期商品房销售面积的对数差
Devinv _ RE _ g	房地产开发投资增长率	本期与上期房地产开发投资的对数差
Sale _ RE _ g	商品房销售额增长率	本期与上期商品房销售额的对数差
Pop _ total _ g	总人口增长率	本期与上期总人口的对数差
GDP _ g	人均地区生产总值增长率	本期与上期人均地区生产总值的对数差
Findev _ g	金融发展水平的变化	本期与上期金融机构贷款总额/地区生产总值的差值

4. 实证结果分析

4.1 基本模型实证结果分析

4.1.1 行业层面——挤出效应

表2显示了全部A股上市公司投资性房地产占总资产比重描述性统计分析的结果。我们可以看到，从全样本来看，投资性房地产占比的均值为1%，最大值和最小值分别是89.76%和0。此外，为了研究行业特性不同的企业之间投资性房地产水平的差异，我们根据赫芬达尔指数和管制行业与否将上市公司分别划分为行业竞争程度高、行业竞争程度低，以及管制行业和非管制行业两组样本进行统计描述（曹伟等，2017）。结果显示，行业竞争比较激烈的企业投资性房地产的均值是0.0166，而行业市场集中度较高的企业，投资性房地产占总资产的比重为0.0092，远小于竞争性行业投资性房地产的平均水平。管制行业投资性房地产的均值和最大值与非管制行业相比处于较低水平。我们认为，行业集中度较高的中小企业面临的生产经营不确定性更大，更倾向于从事房地产投资以弥补主营业务亏损对公司净利润带来的负面影响。管制行业因政府部门的规制，从事投资性房地产的动机相对较弱。

表2　变量描述性统计分析

描述性变量	全样本	行业竞争程度		是否为管制行业	
		行业竞争程度高	行业竞争程度低	管制行业	非管制行业
均值	0.0100	0.0166	0.0092	0.0064	0.0121
标准差	0.0409	0.0651	0.0368	0.0311	0.0454
最大值	0.8976	0.8452	0.8976	0.8452	0.8976
最小值	0.0000	0.0000	0.0000	0.0000	0.0000
样本量	21170	2262	18908	7780	13390

表3给出了投资性房地产对企业投资水平的实证结果，在混合回归、面板固定效应、面板随机效应模型中，企业投资性房地产的系数分别为－0.8228、－0.5751和－0.5898，在1%的水平上是显著的。可见，企业投资于房地产行业会降低生产性投资，验证了假设1。考虑到企业投资与房地产投资之间的内生性问题，我们将房地产投资滞后一期作为工具变量进行IV回归，投资性房地产的系数仍然显著为负，投资性房地产占总资产的比重每增加1%，企业生

产性投资占比降低0.7447%，说明实体部门从事房地产投资活动会加剧企业的短视行为，不利于原有生产经营活动的扩张，从而加剧实体经济脱实就虚。此外，现金持有量高、非国有企业、低成长性、经营能力强、财务杠杆水平越高的企业，企业投资水平越低。

表3　投资性房地产企业投资水平的影响

项目 VARIABLES	(1) OLS	(2) FE	(3) RE	(4) IV
Inv _ RE	-0.8228*** (0.100)	-0.5751*** (0.058)	-0.5898*** (0.052)	-0.7447*** (0.041)
Cash	-0.6227*** (0.046)	-0.4158*** (0.030)	-0.4373*** (0.028)	-0.4173*** (0.008)
Nature	0.0458** (0.020)	0.0276** (0.012)	0.0408*** (0.008)	0.0280*** (0.005)
Growth	0.0000*** (0.000)	0.0000*** (0.000)	0.0000*** (0.000)	0.0000** (0.000)
Roa	-0.0004* (0.000)	-0.0004*** (0.000)	-0.0003*** (0.000)	-0.0004*** (0.000)
Lev	-0.0013** (0.000)	-0.0011*** (0.000)	-0.0010*** (0.000)	-0.0011*** (0.000)
Size	0.0103 (0.008)	-0.0047 (0.003)	0.0003 (0.005)	-0.0057*** (0.002)
Indepdirector	-0.1193 (0.079)	-0.0064 (0.020)	-0.0153 (0.023)	-0.0033 (0.019)
Controlshare	0.0384 (0.040)	0.0053 (0.037)	0.0101 (0.035)	0.0074 (0.011)
常数项	0.2899 (0.183)	0.5575*** (0.072)	0.4452*** (0.105)	
观测值	18163	18163	18163	18036
R^2	0.274	0.221	0.220	0.219
Anderson canon. corr. LM				0.0000**
Cragg - Donald Wald F				8257.948

注：*、**、***分别表示在10%、5%和1%的水平上显著，括号内为标准误差。模型（1）、模型（2）、模型（3）、模型（4）分别对应混合回归、面板固定效应、面板随机效应、面板工具变量回归的结果。

融资无约束的公司更容易从外部筹集资金，过度投资和金融化倾向明显（王彦超，2009）。为了进一步探究不同融资约束的企业从事房地产投资对实体投资的影响，我们在以往研究的基础上，选取公司规模、企业性质以及 KZ 指数作为企业所受融资约束的代理指标，进行分样本回归（Almeida et al.，2004；魏志华等，2014）。表 4 显示了不同融资约束企业的实证结果。模型（1）和模型（2）是用公司规模来衡量公司融资约束的程度，我们可以看到，企业投资性房地产占比每增加 1 个单位，融资约束高和融资约束低的企业生产性投资占比分别减小 0.5263 和 0.6349。按照企业所有制性质进行分组回归的结果表明投资性房地产对企业投资的挤出效应在融资约束小的公司中更为明显。此外，我们借鉴 Kaplan 和 Zingales（1997）的研究，根据公司经营性净现金流、股利、现金持有、资产负债率以及 Tobin's Q 等财务指标构建 KZ 指数，KZ 指数越大，意味着公司面临的融资约束程度越高。从模型（5）和模型（6）中可以看出，投资性房地产的系数均在 1% 的水平上显著为负，企业投资性房地产与总资产的比值每增加 1 个单位，融资约束高、融资约束低的企业投资水平分别降低 0.4955 和 0.6684。因此，企业投资于房地产行业会导致其对主营业务生产性投资的减少，实体部门的短期资本逐利性行为对实体投资的“挤出效应”在融资约束程度低的企业中更为强烈。

表 4　不同融资约束投资性房地产对企业投资水平的影响

项目	(1)	(2)	(3)	(4)	(5)	(6)
VARIABLES	High _ FinconS	Low _ FinconS	High _ FinconN	Low _ FinconN	High _ FinconKZ	Low _ FinconKZ
Inv _ RE	−0.5263*** (0.077)	−0.6349*** (0.074)	−0.5447*** (0.084)	−0.5819*** (0.078)	−0.4955*** (0.046)	−0.6684*** (0.177)
Cash	−0.4228*** (0.022)	−0.4045*** (0.039)	−0.3409*** (0.045)	−0.5329*** (0.023)	−0.3915*** (0.060)	−0.4403*** (0.024)
Nature	0.0495*** (0.008)	0.0078 (0.011)			0.0440*** (0.010)	−0.0200 (0.020)
Growth	−0.0001 (0.000)	0.0000*** (0.000)	−0.0001 (0.000)	0.0000*** (0.000)	0.0000*** (0.000)	0.0001 (0.001)
Roa	−0.0005*** (0.000)	−0.1683*** (0.014)	−0.0004*** (0.000)	−0.0309*** (0.004)	0.0025*** (0.000)	−0.1590*** (0.021)
Lev	−0.0016*** (0.000)	−0.0023 (0.021)	−0.0012*** (0.000)	0.0004 (0.002)	0.0059*** (0.001)	0.0285 (0.021)
Size	−0.0234** (0.008)	−0.0014 (0.005)	−0.0121 (0.008)	0.0037 (0.005)	−0.0098*** (0.003)	0.0013 (0.006)

续表

项目	(1)	(2)	(3)	(4)	(5)	(6)
Indepdirector	-0.0407 (0.027)	-0.0286 (0.028)	0.0018 (0.026)	-0.0174 (0.040)	-0.0298 (0.028)	-0.0030 (0.044)
Controlshare	0.0190 (0.041)	-0.0697** (0.026)	-0.0122 (0.029)	-0.0175 (0.041)	-0.0150 (0.040)	0.0801** (0.033)
常数项	0.9298*** (0.169)	0.5550*** (0.124)	0.6796*** (0.190)	0.4582*** (0.120)	0.6419*** (0.062)	0.4477*** (0.138)
观测值	8732	9431	8845	9318	7590	7585
R^2	0.265	0.239	0.203	0.272	0.182	0.306
个体固定效应	控制	控制	控制	控制	控制	控制
时间固定效应	控制	控制	控制	控制	控制	控制

注：*、**、***分别表示在10%、5%和1%的水平上显著，括号内为标准误差。六个模型是分别按照公司规模、企业性质和KZ指数分组回归的结果。

房地产市场更多地受地方经济因素的影响（况伟大，2011）。为了检验地区异质性对企业投资性房地产的挤出机制，本文采用樊纲（2011）提出的市场化指数来衡量区域经济环境对房地产行业层面金融化经济效应的影响。我们选取政府与市场的关系、金融市场化程度和金融业竞争来衡量政府在市场经济中扮演的角色以及金融业的资源配置效率，并根据三个市场化指数分项指标的中位数进行分样本回归，以期考察地区制度、金融因素对企业房地产金融化的差异性作用机制，实证结果如表5所示。在政府与市场关系密切的区域，企业投资性房地产的系数为-0.5371，而政府与市场关系较弱的省份，对应的系数为-0.6139，说明政府对于市场资源配置的干预，在一定程度上会抑制企业房地产投资行为对原有生产性投资的抽离。模型（3）和模型（4）给出了按照金融市场化程度高低分组回归的结果，企业投资性房地产占比每增加1个单位，企业生产性投资在金融化程度高、低的区域分别减少0.5512和0.6526。在金融业竞争的分组回归中，金融业竞争程度高和竞争程度低的区域，投资性房地产的系数分别为-0.5415和-0.5702，并在1%的水平上是显著的。可见，金融业竞争较弱、金融市场化程度较低的区域，房地产金融化对实体投资的负面影响更大。在我国金融抑制、金融业高准入门槛以及国有商业银行占主导地位的市场环境下，正规金融机构存在严重的信贷配给问题，国有大型上市公司很容易通过多元化融资渠道获得超募资金，进而将闲置资金投入金融和房地产行业，以谋取利差收益。因此，政府职能与市场机制的脱节、金融市场化程度低、金融业竞争不足会放大房地产投资对实体投资的负面影响。企业层面上的个体行为转变为集体行为将会导致宏观层面的实体经济空心化和虚拟化。

表 5　地区异质性与投资性房地产对企业投资水平的影响

项目	(1)	(2)	(3)	(4)	(5)	(6)
VARIABLES	High _ Gov	Low _ Gov	High _ FinM	Low _ FinM	High _ FinC	Low _ FinC
Inv _ RE	-0.5371*** (0.109)	-0.6139*** (0.048)	-0.5512*** (0.099)	-0.6526*** (0.032)	-0.5415*** (0.097)	-0.5702*** (0.058)
Cash	-0.3770*** (0.019)	-0.4417*** (0.042)	-0.3759*** (0.022)	-0.4453*** (0.037)	-0.3814*** (0.023)	-0.4417*** (0.032)
Nature	0.0308 (0.022)	0.0270*** (0.009)	0.0568*** (0.016)	0.0221 (0.015)	0.0519** (0.019)	0.0054 (0.014)
Growth	-0.0000 (0.000)	0.0000*** (0.000)	-0.0001 (0.000)	0.0000*** (0.000)	-0.0004 (0.000)	0.0000*** (0.000)
Roa	-0.0115*** (0.002)	-0.0004*** (0.000)	-0.0010*** (0.000)	-0.0001 (0.000)	-0.0010*** (0.000)	0.0002 (0.000)
Lev	0.0024 (0.001)	-0.0012*** (0.000)	0.0028*** (0.000)	-0.0004 (0.001)	0.0017 (0.001)	0.0003 (0.001)
Size	-0.0084 (0.007)	-0.0059 (0.005)	-0.0101 (0.010)	-0.0090* (0.005)	-0.0135 (0.010)	-0.0009 (0.006)
Indepdirector	0.0131 (0.035)	-0.0140 (0.023)	-0.0008 (0.032)	-0.0203 (0.016)	-0.0211 (0.048)	-0.0208 (0.023)
Controlshare	0.0248 (0.052)	-0.0022 (0.042)	-0.0296 (0.045)	0.0317 (0.031)	-0.0035 (0.054)	0.0174 (0.027)
常数项	0.5999*** (0.159)	0.5992*** (0.123)	0.6628*** (0.211)	0.6496*** (0.117)	0.7315*** (0.212)	0.4989*** (0.134)
观测值	7464	10699	8584	9579	8554	9609
R^2	0.250	0.213	0.232	0.230	0.254	0.205
个体固定效应	控制	控制	控制	控制	控制	控制
时间固定效应	控制	控制	控制	控制	控制	控制

注：*、**、***分别表示在10%、5%和1%的水平上显著，括号内为标准误差。六个模型是分别按照政府与市场的关系、金融市场化程度和金融业竞争分组回归的结果。

4.1.2　资金层面——成本效应

表6估计的是房地产行业对信贷资金的过度依赖对房价的作用机制。模型（1）和模型（4）分别对应面板固定效应模型的回归结果，我们可以看到，银行信贷对房价水平有显著的正向影响，房地产开发贷款和人均购房贷款每增加1%，房价分别上涨0.061%和0.095%。考虑到房地产市场与银行贷款之间可

能存在相互作用的正反馈机制，我们在固定效应的基础上，采用 IV 工具变量回归法对模型进行估计。回归结果显示房地产开发贷款和人均购房贷款的系数是0.132 和0.240，并且在1%的水平上是显著的，说明无论是供给端还是需求端信贷量的增加均会促进房价的上涨。由于房价可能存在惯性以及部分调整效应，我们利用系统 GMM 模型做进一步的检验，结果表明房地产开发贷款和人均购房贷款对房价的正向影响机制依然存在。房地产开发商对银行贷款的过度依赖会增加资金成本，而住房需求弹性较小，开发商很容易将高额的借贷成本转嫁到房价上；人均购房贷款的增加则通过激发潜在购房者的消费和投资需求，促进房价水平的攀升。

表6 房地产开发贷款、人均购房贷款对房价水平的影响

项目 VARIABLES	(1) FE	(2) IV	(3) GMM	(4) FE	(5) IV	(6) GMM
Devloan _ RE	0.061*** (0.014)	0.132*** (0.041)	0.032* (0.017)			
Purloan _ RE				0.095*** (0.035)	0.240*** (0.051)	0.065** (0.025)
L. HP			0.706*** (0.084)			0.719*** (0.090)
Pop _ total	0.731*** (0.257)	0.596*** (0.124)	-0.116 (0.272)	0.900*** (0.284)	0.954*** (0.146)	0.019 (0.060)
GDP	0.578*** (0.033)	0.455*** (0.062)	0.120* (0.069)	0.529*** (0.054)	0.281*** (0.079)	0.055 (0.058)
Findev	0.178** (0.075)	0.197*** (0.031)	0.078*** (0.023)	0.130 (0.088)	0.132*** (0.033)	0.064** (0.026)
Observations	370	338	339	372	341	341
R - squared	0.942	0.939	—	0.942	0.933	—
Anderson canon. corr. LM		0.0000			0.0000	
Cragg Donald Wald F		45.254			43.103	
AR (1)			0.000			0.000
AR (2)			0.169			0.868
Hansen 检验			1.000			1.000

注：*、**、***分别表示在10%、5%和1%的水平上显著，括号内为标准误差。模型（1）、模型（2）、模型（3）以及模型（4）、模型（5）、模型（6）分别是面板固定效应模型、面板工具变量回归、系统 GMM 的回归结果。

随着我国正规金融机构对房地产行业信贷的收紧，房地产行业的资金来源结构也悄然发生了变化。影子信贷市场逐渐取代银行信贷成为房地产行业的重要融资渠道（李建军、韩珣，2016）。非正规金融机构的利率比基准利率要高出 2 ~5 个百分点，开发商和购房者通过小额贷款公司、担保公司、金融科技公司进行短期资金融通的行为必然会增加负债成本，开发商则通过抬高房价的方式来弥补高额利息成本。从图 1 中可以看出房价与房地产资金来源结构正相关，影子信贷资金与传统银行信贷占比的增加可能会通过“成本加成”机制作用于房价。

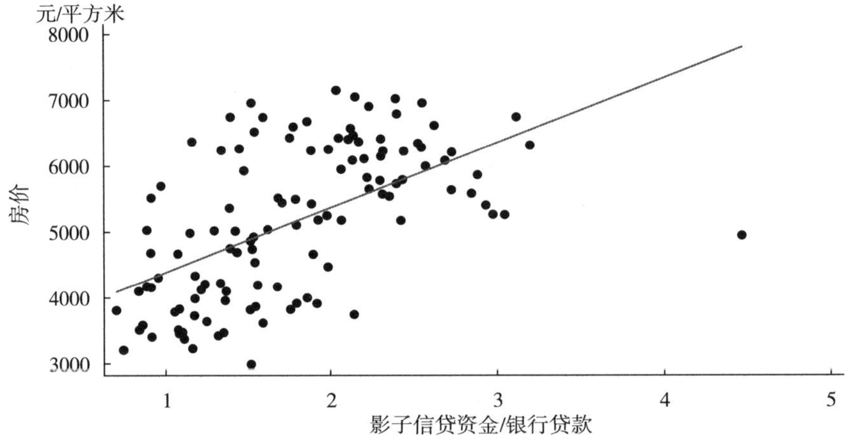

图 1　房地产开发贷款资金来源结构与房价之间的关系

4.1.3　交易层面——偏离效应

为了考察房地产开发商捂盘、囤地以及购房者投资和投机性行为对房价水平的影响，我们选取土地购置面积、商品房销售面积、房地产开发投资、商品房销售额四个指标作为开发商和购房者交易层面的核心变量，实证分析非理性投机因素对房价波动的影响。从表 7 中可以看出，土地购置面积和房地产开发投资的系数分别为 0.034 和 0.065，在 10% 的水平上是显著的，说明房地产开发商的过度开发会加剧房价波动。模型（2）和模型（4）探究了购房者的过度投机行为对房价波动的影响，结果显示住房销售面积和商品房销售额的增长对房价波动有放大作用。可见，房屋特殊的资本品属性导致无论是开发商还是潜在购房者的非理性投机因素都会引起实际房价对正常价格的偏离。从交易层面上看，购房者的过度投资和投机行为对房价波动的影响显著高于房地产开发商。

4.2　稳健性检验

为了进一步增强实证结论的稳健性，我们采用以下方法进行稳健性分析。

房地产金融化“挤出效应”的检验中，一是考虑企业投资行为的滞后效应，将被解释变量的滞后一阶纳入解释变量中，实证结果没有发生实质性改变。二是对国际金融危机前后进行分样本回归，投资性房地产的系数依然为负。此外，我们借鉴徐建炜（2012）的研究成果，将总人口抚养比例作为人口结构的代理指标，对房地产金融化的“成本效应”和“偏离效应”进行检验，结论仍然成立。因此，本文的结论是相当稳健的。

表7　房地产过度投机行为对房价波动的影响

项目 VARIABLES	(1) HP _ vol	(2) HP _ vol	(3) HP _ vol	(4) HP _ vol
Land _ area _ g	0.034* (0.017)			
Sale _ area _ g		0.111*** (0.013)		
Devinv _ RE _ g			0.065* (0.035)	
Sale _ RE _ g				0.175*** (0.017)
Pop _ total _ g	0.121 (0.754)	0.357 (0.658)	0.171 (0.742)	0.396 (0.497)
GDP _ g	0.780*** (0.108)	0.637*** (0.089)	0.715*** (0.115)	0.357*** (0.085)
Findev _ g	0.244*** (0.053)	0.176*** (0.052)	0.230*** (0.056)	0.111** (0.046)
Constant	-0.009 (0.017)	-0.005 (0.014)	-0.016 (0.016)	0.009 (0.012)
Observations	338	341	341	341
R - squared	0.208	0.271	0.178	0.368

注：*、**、***分别表示在10%、5%和1%的水平上显著，括号内为标准误差。模型（1）、模型（2）、模型（3）和模型（4）分别是土地购置面积、商品房销售面积、房地产开发投资、商品房销售额对房价波动影响的实证结果。

5. 结论与政策建议

近年来，我国房地产市场的过度繁荣给实体经济和金融体系带来了一系列机遇与挑战。房地产行业对关联产业兼具“拉动效应”和“挤出效应”；房屋具有“使用”和“投资”的双重属性。在全球经济金融化的背景下，如何从多个视角审视房地产行业的发展趋势，探究房地产金融化对房价和产业结构的影响成为监管部门的重中之重。房地产金融化即房地产行业的行为机制逐渐与金融部门趋同，这种特性既体现在房地产部门对社会闲置资金、投机性资金的集聚作用上，也包括其依赖于外部资金引致的财务杠杆水平高企。本文在现有对金融化研究的基础上，结合房地产行业在经济运行中的特性，定义“房地产金融化”的概念，然后对不同层次下房地产金融化的经济效应提出理论假设，并进行经验分析，得到以下结论：

第一，本文使用2004—2015 年全部 A 股上市公司的面板数据，实证检验了企业投资于房地产行业对实体投资的影响，验证了挤出效应的存在。我们在此基础上，进一步考察了企业微观异质性和区域性因素对投资性房地产抽离实体投资的作用机制，研究发现融资约束越弱的企业，政府与市场的关系越小、金融市场化程度越低、金融业竞争越不激烈的区域，房地产金融化对降低实体投资的作用更为显著。

第二，我们选取 2004—2015 年省际面板数据分析金融机构资金的过度支持对房价的作用机制，研究发现房地产开发贷款和人均购房贷款通过成本加成和刺激需求的渠道促进房价水平的上升。随着以过桥贷款为代表的影子信贷资金在房地产行业中的广泛运用，影子银行体系高额的利息成本将会传递到房价中，甚至诱发房地产泡沫的产生。

第三，房地产开发商和购房者的投资和投机需求是导致房价持续波动，偏离供求基本面的症结所在。并且购房者的过度交易行为相较于房地产开发商的过度开发行为，对房价波动的影响更为强烈。

综上所述，本文认为在经济金融化的背景下，金融体系资源配置、风险管理和价格发现的功能逐渐被弱化，取而代之的是金融资本的逐利性。目前，我国房地产行业也呈现出金融化趋势，房地产开发商和购房者从正规金融机构、影子信贷市场、企业生产部门以及社会投资者手中吸纳大量的资金，加剧了我国产业空心化趋势，经济主体的投机性也不断被强化。因此，为了抑制房地产金融化引致的实体经济脱实向虚和房价的非理性增长，我们提出三点政策建议。首先，合理配置信贷资源，规制正规金融机构对国有、大规模企业融出超过其生产经营所需资金的资金融通行为，从而缓解企业因房地产和金融资产投资导致的实体投资被移出的困境。其次，适当控制房地产行业杠杆，防止市场参与主体对银行信贷和影子信贷资金的滥用而引起房价水平大幅上涨。最后，遏制房地产商的土地闲置、捂盘惜售等投机行为，引导购房者对房价的理性预期，完善住房交易市场信息披露制度以及投资性住房需求甄别机制，从而促进房地产市场和宏观经济平稳发展。

参考文献

[1] 曹伟，杨德明，赵璨等．地方政治权利转移与企业社会资本投资周期——基于政企关系重构的动态研究［J］．财经研究，2017（1）：4－16.

[2] 陈斌开，金箫，欧阳涤非．住房价格、资源错配与中国工业企业生产率［J］．世界经济，2015（4）：77－98.

[3] 樊纲，王小鲁，朱恒鹏．中国市场化指数——各省区市场化相对进程2011年度报告［M］．北京：经济科学出版社，2011.

[4] 高波，王辉龙，李伟军．预期、投机与中国城市房价泡沫［J］．金融研究，2014（2）：44－58.

[5] 黄静，屠梅曾．基于非平稳面板计量的中国城市房价与地价关系实证分析［J］．统计研究，2009，26（7）：13－19.

[6] 况伟大．预期、投机与中国城市房价波动［J］．经济研究，2010（9）：67－78.

[7] 况伟大．房地产投资、房地产信贷和中国经济增长［J］．经济理论与经济管理，2011（1）：59－68.

[8] 李畅，谢家智，吴超．房地产投资与制造业：促进效应还是挤出效应——基于非参数逐点回归的实证分析［J］．金融经济学研究，2013（5）：39－48.

[9] 李建军，韩珣．过桥贷款与房地产价格——基于2006—2015年中国的经验证据［J］．中央财经大学学报，2016（8）：34－44.

[10] 李仲飞，张浩．成本推动、需求拉动——什么推动了中国房价上涨？［J］．中国管理科学，2015，23（5）：143－150.

[11] 李仲飞，郑军，黄宇元．有限理性、异质预期与房价内生演化机制［J］．经济学（季刊），2015（2）：453－482.

[12] 梁云芳，高铁梅．中国房地产价格波动区域差异的实证分析［J］．经济研究，2007（8）：133－142.

[13] 梁云芳，高铁梅，贺书平．房地产市场与国民经济协调发展的实证分析［J］．中国社会科学，2006（3）：74－84.

[14] 罗知，张川川．信贷扩张、房地产投资与制造业部门的资源配置效率［J］．金融研究，2015（7）：60－75.

[15] 鲁春义，丁晓钦．经济金融化行为的政治经济学分析——一个演化博弈框架 [J]．财经研究，2016 (7)：52 - 62

[16] 谭政勋．利润率下降、信贷扩张与房价波动——来自跨国面板数据的经验证据 [J]．经济学家，2012 (5)：77 - 87.

[17] 谭政勋，陈铭．房价波动与金融危机的国际经验证据：抵押效应还是偏离效应 [J]．世界经济，2012 (3)：146 - 159.

[18] 谭政勋，王聪．中国信贷扩张、房价波动的金融稳定效应研究——动态随机一般均衡模型视角 [J]．金融研究，2011 (8)：57 - 71.

[19] 王芳．经济金融化与经济结构调整 [J]．金融研究，2004 (8)：120 - 128.

[20] 王彦超．融资约束、现金持有与过度投资 [J]．金融研究，2009 (7)：121 - 133.

[21] 魏志华，曾爱民，李博．金融生态环境与企业融资约束——基于中国上市公司的实证研究 [J]．会计研究，2014 (5)：73 - 80.

[22] 吴海民．资产价格波动、通货膨胀与产业"空心化"——基于我国沿海地区民营工业面板数据的实证研究 [J]．中国工业经济，2012 (1)：46 - 56.

[23] 吴海英．房地产投资增速对钢铁投资和总投资增速的影响 [J]．世界经济，2007 (3)：22 - 30.

[24] 谢家智，王文涛，江源．制造业金融化、政府控制与技术创新 [J]．经济学动态，2014 (11)：78 - 88.

[25] 许宪春，贾海，李皎等．房地产经济对中国国民经济增长的作用研究 [J]．中国社会科学，2015 (1)：84 - 101.

[26] 张成思，刘泽豪，罗煜．中国商品金融化分层与通货膨胀驱动机制 [J]．经济研究，2014 (1)：140 - 154.

[27] 张成思，张步昙．再论金融与实体经济：经济金融化视角 [J]．经济学动态，2015 (6)：56 - 66.

[28] 张漾滨．中国股价与房价波动对居民消费的影响研究 [J]．管理世界，2012 (1)：178 - 179.

[29] 张亚丽，梁云芳，高铁梅．预期收入、收益率和房价波动——基于 35 个城市动态面板模型的研究 [J]．财贸经济，2011 (1)：122 - 129.

[30] 周京奎．金融支持过度与房地产泡沫 [M]．北京：北京大学出版社，2005.

[31] 邹至庄，牛霖琳．中国城镇居民住房的需求与供给 [J]．金融研究，2010 (1)：1 - 11.

[32] Almeida H, Campello M, Weisbach M S. The Cash Flow Sensitivity of Cash [J]. The Journal of Finance, 2004, 59 (4)：1777 - 1804.

[33] Arrighi G. The Long Twentieth Century: Money, Power, and the Origins of Our Times [M]. London: Verso, 1994.

[34] Bernanke B, Gertler M, Gilchrist S. The Financial Accelerator and the Flight to Quality [J]. Review of Economics & Statistics, 1996, 78 (1): 1 - 15.

[35] Gehringer A. Growth, productivity and capital accumulation: The effects of financial liberalization in the case of European integration [J]. International Review of Economics & Finance, 2013, 25 (1): 291 - 309.

[36] Krippner G R. Capitalizing on Crisis [M]. Cambridge: Harvard University Press, 2011.

[37] Krippner G R. The financialization of the American economy [J]. Socio - Economic Review, 2005, 3 (2): 173 - 208.

[38] Mikhed V, Zemcik P. Do house prices reflect fundamentals? Aggregate and panel data evidence [J]. Journal of Housing Economics, 2009, 18 (2): 140 - 149.

[39] Nieuwerburgh S, Weill P. Why has House Price Dispersion Gone up [J]. The Review of Economic Studies, 2010, 77 (4): 1567 - 1606.

[40] Ortalomagne F, Rady S. Boom in, Bust out: Young Households and the Housing Price Cycle [J]. European Economic Revies, 1999, 43 (4): 755 - 766.

[41] Ortalomagne F, Rady S. Housing Market Dynamics: On the Contribution of Income Shocks and Credit Constraints [J]. Review of Economic Studies, 2006 (73): 459 - 485.

[42] Philips K. Wealth and Democracy: A Political History of the American Rich [M]. New York: Broadway Books, 2002.

Real Estate Financialization: Definition, Performance and Economic Effect

Li Jianjun　Han xun

Abstract: With the advent of economic financialization process, the trend of China's real estate industry financialization is also becoming more and more obvious. The paper defines the concept of real estate financialization based on the characteristics of real estate industry, and use all A - share listed companies and interprovincial panel data from 2004 to 2015, to conduct an empirical analysis on the economic effect of real estate financialization from the aspects of enterprise and macro level. This paper finds that: (1) From the aspect of industry level, enterprise investment property can crowd out fixed asset investment, and this mechanism is more significant in the enterprises with weak financing constraints and in the region which government is disconnected with the market, financialization degree is low and finance industry competition is weak. (2) From the view of capital, the over – reliance of developers and property buyers on the bank credit will promote the rise of house price through two channels of transfer cost and stimulate potential needs. (3) From the transaction level, the speculation behavior of the supply and demand sides of the real estate market is the main reason leading to the deviation of price from the economic fundamentals and the continuous fluctuation of house price.

Key Words: Real Estate Financialization, Crowd Out Effect, Speculation, Shadow Credit

美国人民币离岸市场发展前景展望

——基于国际政治权力结构视角

王予祺[①] 王维安[②]

摘 要 人民币离岸市场自2009年以来获得了蓬勃发展，在我国资本项目尚未完全开放的情况下，人民币离岸市场对推进人民币国际化有着重大意义。要研究人民币离岸市场的发展情况，仅仅依靠经济金融分析是不够的，还必须考虑到政治因素。本文旨在运用国际政治经济学中的结构性权力模式理论——国际政治权力结构影响国际货币地位，通过研究美元离岸市场形成过程中美元与英镑的互动和通过比较目前英美两国人民币离岸市场的发展情况从而得出美国人民币离岸市场的特殊性，结合历史与现实，来对美国人民币离岸市场的发展前景做出预判。

关键词 美元 英镑 人民币离岸市场 国际政治权力结构 人民币国际化

1. 引 言

2016年10月，人民币被正式纳入特别提款权（SDR）货币篮子，这是人民币国际化道路上具有里程碑意义的事件：人民币的国际地位有了显著提高，在全球市场中扮演着日益重要的角色。回顾人民币国际化进程的十年，从2007年6月首只人民币债券登陆香港以来，可以将其划分为“贸易融资—投资—IMF储备货币”三个阶段，到2017年，已经有22个国家将人民币作为直接交易货币，在中国周边尤其是“一带一路”沿线国家中，使用人民币作为结算货币越来越受欢迎。

同时，也必须正视人民币国际化中所存在的问题：当前人民币没有实现真正意义上的可自由兑换，资本项目尚未完全开放，人民币下行压力较大，在当前条件下，离岸金融市场在人民币国际化过程中发挥着重要作用。人民币离岸市场指的是在中国境外负责处理非中国居民的人民币存放款业务，进而提供投资、贸易结算、外汇买卖以及证券交易等金融服务的人民币市场，对人民币外汇交易、储备资产投资、国际债券、国际存贷款都有着重大意义。随着中国国际地位的不断提高与“一带一路”倡议等的提出，人民币正在对美元形成挑

① 王予祺，浙江大学公共管理学院国际政治2016级本科生，浙大AIF国际化研究室研究助理，E－mail：zjhz_happy@126.com。

② 王维安，浙江大学经济学院教授，金融研究所所长。

战，因此，关注美国人民币离岸市场的发展意义重大。

2018 年人民币先后经历了美联储加息、中美贸易摩擦等诸多不利事件，随着中美贸易摩擦的升级，美国人民币离岸市场也面临着重大威胁。中美贸易摩擦背后是美国试图打压崛起的中国的心理，实质上也是对国际秩序的一次调整。通过研究美国人民币离岸市场的发展前景，也有利于更好地把握两国的经济金融合作发展前景，为更好地处理我国与美国的关系提供参考。

2. 理论基础：结构性权力模式理论

由国际金融理论可知，当一国货币成为国际主导货币时，不可避免地会遇到“特里芬难题”，但尽管如此，仍有大量国家在为增强本币的货币权力而不断努力。货币权力是指货币在国际化进程中逐步形成的一种特殊的国际影响力，会对区域乃至全球范围的政治经济格局产生特殊影响，是大国或国家联盟综合实力的特殊表现形式。因此，货币竞争的有关理论已经不再由经济学者垄断，而逐渐偏向政治领域。

结构性权力模式理论由国际政治经济学家苏珊·斯特兰奇首先提出，她认为在政治经济中权力的类别主要分为结构性权力和联系性权力；在世界体系里国家之间正在进行的竞赛中，结构性权力比联系性权力更为重要。她将结构性权力分为安全结构、生产结构、金融结构和知识结构四个基本结构，其突出之处在于将金融结构和知识结构提到了和安全与生产同等重要的地位，既指出了一国内部政治经济的重要性，还关注到了国际体系与金融之间的交互作用，将安全结构等其他结构与金融结构联系在一起，并提出在当今国际体系下，只有通过对基本结构施加影响才能真正对他国产生影响。

在这一理论框架下，一国可以通过影响国际的安全结构来对国际金融结构施加影响，也就是说，可以通过国家在国际政治权力的优势地位，来扩大其货币的影响力。因此本文将采用该理论作为理论基础，在接下来的论述中对货币外交的国内政治基础及国际政治基础分别进行研究，将主要聚焦于货币外交与金融结构、安全结构的相互联系。

在对金融结构和安全结构的进一步说明中，以斯特兰奇为代表的“国家促进派”研究的是政治因素对国际货币的推动作用，在日后的学术演进中又分为工具派和地缘派两类。工具主义路径受经济学的影响较大，倾向于从一国国内经济政策角度切入进行分析，而与之相对的另一种观点地缘派则认为国际货币的地位是国际权力的产物，即一国政府对一种国际货币的支持，通常出于更加广泛的地缘政治动机和国际政治权力考量。马塞洛认为金本位制成功的基础是大英帝国强有力的统治；查尔斯以类似的逻辑分析了欧元的产生，他认为欧元首先是一种政治货币，是世界政治突变的产物，但欧元没能对美元的地位形成挑战是因为欧元区国家相较于美国来说地缘政治影响力较弱；科恩指出，在不能避免紧张的地缘政治关系的情况下，人民币国际化的长征永远不能实现。地缘政治路径相对来说更强调国际政治的权力结构对一种国际货币地位的影响，地缘派学者通常是国际关系中的现实主义者。本文将主要从国际政治权力结构的视角来进行相关论述。

3. 欧洲美元市场形成的历史借鉴

人民币国际地位的上升对美元形成了挑战，美国必然会对此做出回应举措，因此在人民币国际化的现阶段，研究美国人民币离岸市场的发展前景显得尤为重要。要研究这一问题，首先必须借鉴美元在离岸市场这一领域与英镑互动的相关历史经验。

但需要注意的是，历史上第一个离岸市场——欧洲美元市场在 20 世纪 50 年代才初步形成，不同于目前人民币和美元的关系，美元在当时已经完全取代了英镑的地位，因此本文主要聚焦于欧洲美元市场形成过程中而非形成之后美元与英镑的互动。

3.1 第一次世界大战后美元与英镑的互动

1688 年，英国发生光荣革命，首先建立了资产阶级代议制，开始以全新的姿态挑战欧洲头号强国路易十四法国的霸权，并在两次战争中取得了巨大成功。之后，英国在欧洲大陆推行“均势政策”，而在海外扩张，稳步壮大力量。在之后的七年战争（1756—1763 年）中，英国再度摧毁了法国和西班牙的海上力量，夺取了法国在北美大陆和印度的几乎所有殖民地，并抓住第一次工业革命的机会，建立了“日不落帝国”，成为国际政治中的权力中心。

以此为基础，英国在 1816 年率先宣布实行金本位制，其后，其他主要资本主义国家也陆续宣布实行金本位制，最终形成了国际金本位制度。在这一阶段，英国作为世界上最大的海外投资国和工业制品出口国，对外提供长期贷款，金本位制更进一步促进了英国的出口，维持了其大量的贸易顺差，英镑的货币霸权也在这一过程中得到了确立。可以认为，英镑的霸权地位与金本位制紧密挂钩，而金本位制的确立以英国在国际政治结构中的霸主地位为前提。

虽然第二次工业革命后美国的经济实力已经超过英国成为世界第一，但是美元的影响力却远远不如英镑，这主要是因为美国在国际政治中的影响力尚且不如英国。从华盛顿确立孤立主义为外交原则开始到第一次世界大战前，美国的外交实践始终由单边主义为主导，即始终坚持不与任何国家（主要为欧洲列强）结盟，不卷入列强纷争，完全独立地处理外交和国际事务。直到第一次世界大战后，美国成为世界上最大的债权国，世界各国的黄金都流向了美国，许多国家纷纷放弃了金本位制，世界金融秩序出现了极大的混乱，英镑的霸权地位也因为金本位制的动摇而受到重大威胁。时任美国总统威尔逊开始试图改变孤立主义外交政策，主张通过结盟来建立国际制度实现多边国际合作，即美国也开始对国际政治大国地位有所谋求。

英美对第一次世界大战后的世界金融秩序和是否恢复金本位制持有不同观点，一方是当时占据安全结构优势的世界霸主，而另一方是因地位逐渐上升而占据金融结构优势的经济大国，在这种情况下，美元与英镑的互动才逐渐频繁起来，然而在当时，由于英国迫切需要解决战争带来的贸易赤字问题，两种货币的互动主要集中在贸易结算方面，在国际范围内并没有形成真正的离岸市场。在这一期间，英国政府实行了紧缩的货币政策，来尽力提高英镑与美元的比值，如图1所示。

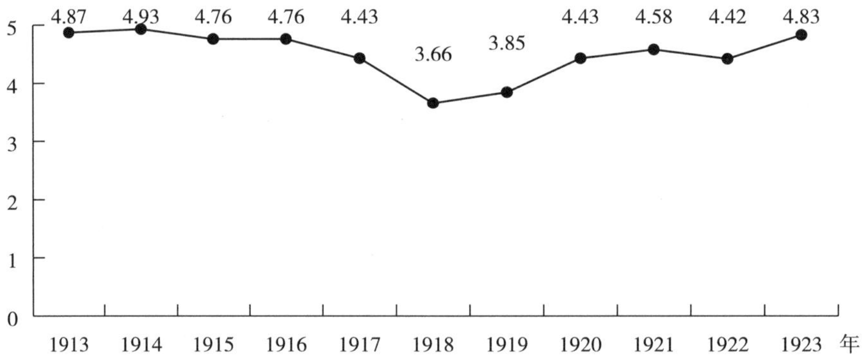

资料来源：Measuring Worth.

图1　1913—1923年美元/英镑汇率

根据图1可以发现，在第一次世界大战期间，大量黄金流入美国，导致英镑与美元的比值急剧下降，而在战后，英国政府的紧缩政策和英国在热那亚会议上提出的“将破碎的欧洲经济整合进由英国领导的商业、金融共同体”确实有了成效，英国在实际上实行了金块本位制。两国汇率从1920年开始逐渐恢复到了战前水平，相对来说是一个较高的水平，这也反映了美元在这个阶段虽然对英镑的地位有所冲击，但并未成功取代英镑，一方面是英国的举措确实有所成效，另一方面则是由于美国国内仍旧盛行的孤立主义势力阻碍了威尔逊方案的落实，也阻碍了美国进入“国际联盟”扩大其政治影响力。

在这一阶段，英国已经开始认识到美国政治地位上升和伴随着美元地位上升对英镑甚至英国地位的威胁，并采取了相应的举措，尽可能不让美国达成目的。但是好景不长，1929—1933年资本主义世界经济危机在让美国股市暴跌的同时，同样也重创了英国。银行倒闭、失业率上升、价格下跌、黄金流失都使英国难以继续维持金本位制。1931年9月20日，英国正式宣布脱离金本位制，前文已经提到，英镑的霸权地位与国际金本位制密切相关，因此金本位制的结束是对英镑的重大打击。

3.2 第二次世界大战后美元与英镑的互动

第二次世界大战后，美国的对外贸易占世界的三分之一以上，黄金储备高达200.8亿美元，约占世界黄金储备的59%，更为重要的是，国际政治的权力结构发生了实质性改变，以欧洲为中心的国际政治格局瓦解，美国和苏联成为新的权力中心。时任英国首相丘吉尔在回忆录里这样描述自己参加雅尔塔会议时的心情："我的一边坐着巨大的俄国熊，另一边坐着巨大的北美野牛，中间坐着的是一头可怜的英国小毛驴。"在此条件下，美国和美元真正开始了"霸权之路"，尽管英国在国际政治中的权力已经衰落，但当时的国际贸易中仍有40%用英镑结算，英镑仍是一种主要的国际储备，因此英国仍然试图采取经济上的各种举措来阻碍美元和美国的发展，英镑和美元的互动和对抗也进一步升级。

首先，英国在第二次世界大战结束前抢先建立了清算体系，但由于其在国际政治中相对权力的衰弱，在1943年英美两国就双方战后国际体系的布局进行会谈时，被迫放弃了在基金功能方面的清算联盟计划，最后经与其他国家共同商议，于1944年发表了《专家关于建立国际货币基金的联合声明》；其次，英国还要求各会员国在正常情况下能不受阻碍地提取其在国际货币基金中的份额，美国则坚持所有资金使用都必须受基金组织控制，而基金组织的控制权掌握在美国手中。

1944年7月，凯恩斯再次在美国新罕布什尔州的布雷顿森林举行的联合国货币金融会议上提出建立一个实行透支原则来为成员国提供更多贷款的国际机制，以降低黄金在国际结算中的作用，其目的是维持和延续英镑的国际地位，削弱美元的影响力，并与美国分享国际金融领导权。但由于英国地位的严重衰退和美国实力的空前膨胀，凯恩斯计划最终输给了怀特计划，英国没能阻止美元取代英镑的地位。在布雷顿森林体系下，美元与黄金挂钩，各国货币与美元挂钩，实际上实行了以美元为中心的固定汇率制。比对图2中1944—1948年和1950年之后的美元/英镑汇率，可以发现虽然在布雷顿森林体系之后美元与英镑的汇率保持了稳定，但仍然维持在较高的水平，英国通过保持英镑区的外汇冻结来维持英镑价值的高水平。

真正使英镑霸权彻底崩溃的是在1947年马歇尔计划实行之后，美国通过对西欧国家的援助大大扩张了美元的市场，美元开始逐渐成为真正意义上的国际结算货币，而英国为了获得美国的援助，不得不在1947年8月20日宣布结束英镑的自由兑换业务，因此美元/英镑比值出现了急剧下降。同时，马歇尔计划在政治上巩固了欧洲各国资本主义政党的执政，削弱了各国共产主义政党

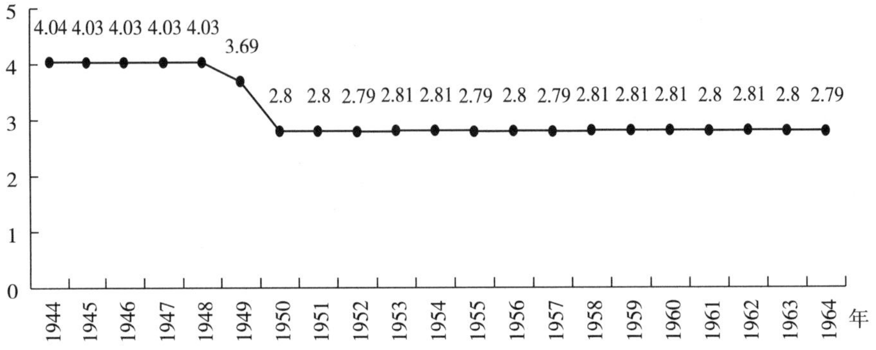

资料来源：Measuring Worth.

图 2　1944—1964 年美元/英镑汇率

的力量，巩固了西欧与美国的关系，使得美国在与苏联的对抗中取得了优势，在国际政治权力结构中成为事实上的核心。20 世纪 50 年代，以伦敦为中心的欧洲美元市场初步形成，这也是世界上第一个离岸市场，形成的最重要原因是欧洲各国（包含英国在内）的银行大量吸收了美元存款，起到的主要作用是解决战后欧洲各国与美国的国际信贷问题和国际贸易问题。可以认为，离岸市场的产生和发展是美元对英镑的重大胜利。

在这一阶段，国际政治结构的变化使得英国竭尽全力也未能阻止美元获取货币霸权，美元离岸市场得以产生。至此，美元已经完全取代英镑。

总体来看，在美国抓住两次世界大战的机遇，终于成功取代英国成为世界霸主的条件下，美元离岸市场的形成和美元货币霸权的取得尚且经历了英国的重重阻挠，因此根据货币权力中的地缘政治理论，在当前紧张的中美关系背景下，人民币崛起也必将受到美元的干涉，美国人民币离岸市场的发展必将是一个漫长而艰难的过程。

4. 影响美国人民币离岸市场发展的因素

为了防范金融风险，中国的资本项目尚未完全开放，在人民币跨境流通不完全自由的情况下，人民币的国际化将高度依赖离岸金融市场。甚至可以说，能否形成若干具有相当规模的离岸市场是现阶段人民币国际化成败的关键。目前，人民币一共有 35 个离岸市场（包含中国香港、中国台湾），根据国际清算银行目前更新的外汇交易统计报告，可将人民币外汇交易额排名前五的市场（除去中国香港、中国台湾）的相关数据统计制作成图 3。

在排名前五的市场中，英国、美国属于远距离人民币离岸市场，其余 3 个国家属于周边人民币离岸市场，且第 3 名和第 4 名之间的差距显著，如图 4 所

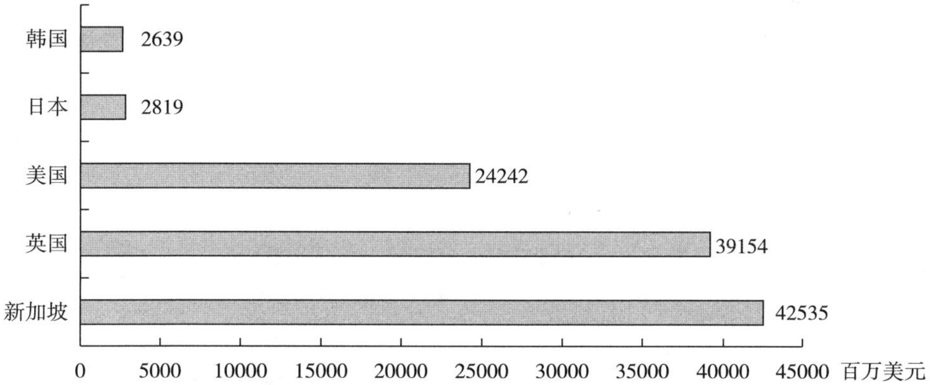

资料来源：国际清算银行。

图3　2016年人民币外汇交易额

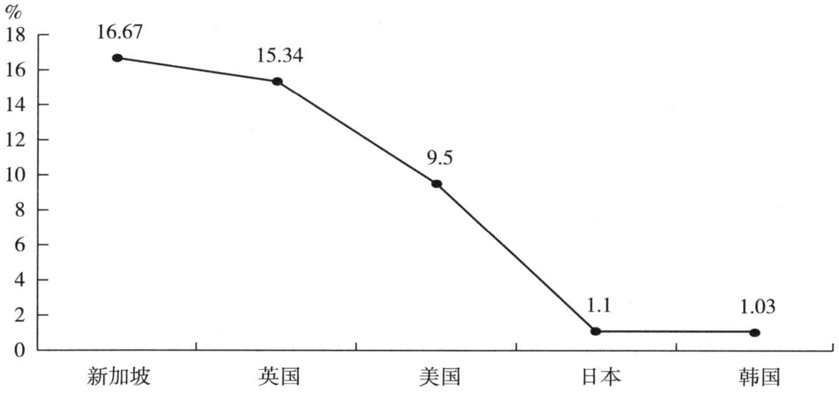

资料来源：国际清算银行。

图4　各外汇占人民币外汇交易量的比重

示。由于地理因素会影响国际货币在地区间的分布，因此本文将选取英国人民币离岸市场的发展情况来与美国人民币离岸市场进行比较，从而发现美国人民币离岸市场的特殊性，以更好地分析美国人民币离岸市场发展前景。

4.1　市场基础并非决定性因素

根据巴曙松等人的研究，选取金融市场的发达程度、经济规模和双边贸易量三个方面来比较英美两国人民币离岸市场的市场基础。

2018年3月26日，由英国智库Z/Yen集团与中国（深圳）综合开发研究院共同编制的第23期“全球金融中心指数”报告在青岛发布。综合前五期的指数，制作伦敦、纽约的GFCI指数变化趋势图（见图5），可以发现虽然英国拥有目前世界排名第一的金融中心伦敦，但是伦敦、纽约之间的差距并不显著，且纽约的指数排名上升幅度更大；此外，在最新一期“全球金融中心指数”报告中，美国有纽约、旧金山、波士顿、洛杉矶、芝加哥共5个城市进入榜单前25名，而英国只有伦敦1个城市。总体而言，美国的金融市场更为发达。

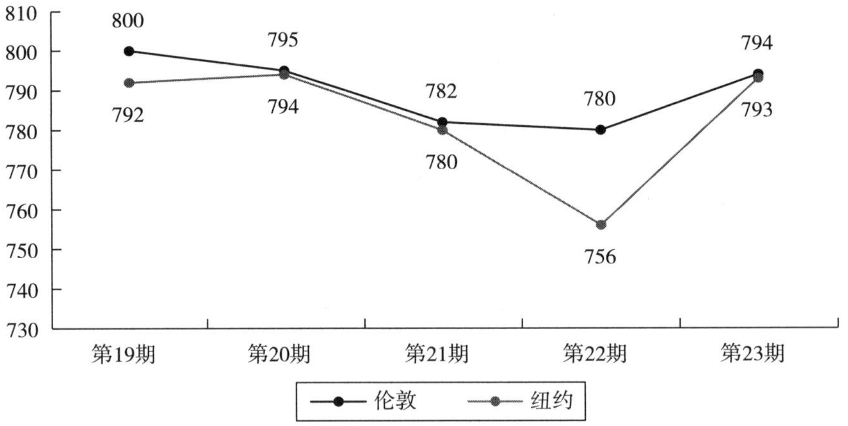

资料来源：第19期至第23期“全球金融中心指数”报告。

图5 伦敦、纽约GFCI指数变化趋势

在经济规模和双边贸易上，毫无疑问美国都优于英国，2017年美国的GDP是193621.3亿美元，而英国仅是25650.5亿美元；美国是中国第一大贸易伙伴，而中英贸易体量仅为中美的六分之一左右。

从截至2018年的数据来看，美国比英国拥有更优越的成为人民币离岸金融中心的市场条件，但中英人民币外汇交易额却显著多于中美人民币外汇交易额——英国人民币离岸市场的发展情况显然比美国乐观，因此必然有其他因素影响了美国的人民币离岸市场。

4.2 国际政治权力结构成为关键因素

特朗普上台以后，中美之间的竞争色彩日益加剧。新发布的美国国家安全战略报告在对国家面临的主要威胁的认知上，不再把恐怖主义和大规模杀伤性武器扩散问题放在首位，而是着重强调了大国或大国集团对美国造成的威胁，尤其是中国和俄罗斯；有36次提到中国且多为负面的表述，不同于奥巴马政府在2010年的报告里表示的“要寻求与中国建立积极、建设性、全面的关系”和在2015年的报告里表述的“欢迎一个稳定、和平与繁荣的中国的崛起”，新报告直接把中国摆在了竞争对手的第一位——这也是第一次把与中国的竞争关系和敌对态度直接而不加掩饰地表达出来。

从2018年3月开始的中美贸易摩擦也是影响中美关系的重大因素。中美贸易摩擦的背后实际上是美国作为守成大国限制和打压正在崛起的中国的心理，从某种程度上来说是两国通过非军事战争手段进行磨合的方式。前文已经提到，有学者认为中美双边贸易的发展是推进美国人民币离岸市场发展的重要因素，因此贸易摩擦的出现极有可能会对美国人民币离岸市场产生不利影响。

2018 年 3 月起美联储进入加息周期，通过比较加息时间点与中美贸易摩擦过程中美国出现“大动作”的时间点，可以发现两者存在极大的相近性。在 3 月 22 日中美贸易摩擦爆发的当天，美联储同时宣布上调利率到 1. 75%；在 6 月 15 日宣布对从中国进口的 500 亿美元商品加征 25% 关税的商品清单的前一天，宣布再次上调利率到 2%；9 月 24 日，美国宣布对中国 2000 亿美元输美商品征收 10% 的关税，三天后，美联储再一次宣布上调利率到 2. 25%。

此外，从 2018 年起，人民币贬值压力不断加大，通过收集贸易摩擦爆发以来的人民币/美元汇率（见图 6），可以发现贸易摩擦加剧时人民币贬值压力极大，人民币/美元汇率一度逼近 7 的关口，随着双方贸易谈判深入、实质性进展的取得，人民币/美元汇率又有所回落。但 2019 年 5 月，随着中美贸易摩擦再次开启，美元兑离岸人民币在贸易摩擦爆发后的第二天急跌 600 点，跌破 6. 91 关口，并在几天后破七，这也给美国人民币离岸市场发展带来了巨大的挑战。

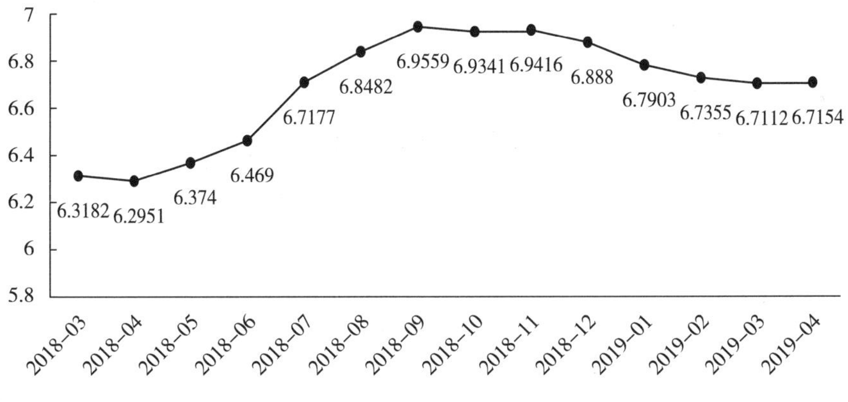

资料来源：中国货币网。

图 6　中美贸易摩擦爆发以来的人民币/美元汇率

基于此，本文认为中美贸易摩擦极有可能向“金融战”的方向转变。在中美贸易摩擦发生之前，虽然美国是中国最大的贸易伙伴，但是美国人民币离岸市场的发展仍旧和英国人民币离岸市场有较大差距，因此在此之后，美国的人民币离岸市场将面对更为严峻的考验。

此外，中美还在台湾问题、南海问题等多方面存在摩擦，虽然在当今，崛起国和守成大国之间很难再直接发生军事冲突，但两国的双边政治关系也不会紧密。近日，美国国务院的政策规划主任凯润·斯金纳在一场由美国智库举办的论坛上发表了一番关于中美关系的讲话，称与20世纪末的美苏争霸这种西方文明在同一人种间的内斗不同，中美间的争斗是真正的两个文明和两个人种间的争斗。这种看似种族主义的言论，反映的实质问题仍然是当下中美两国在国际政治中的竞争关系。尽管中国始终奉行和平发展政策，坚持永不称霸，但在美国的高级官员中仍然弥漫着严重的反华情绪。相比之下，中英的双边政治关系则明显好于中美，中国和英国之间不存在尖锐的战略竞争，在更多时候是良好的战略合作伙伴。英国是亚洲基础设施投资银行的首批成员国，也是欧洲发达国家中第一个表态支持创建亚洲基础设施投资银行的国家。从国际政治权力结构的角度来看，英国的人民币离岸市场有更好的发展态势。

根据清华大学国际关系研究院中国与大国关系数据库的中国与大国关系分值表，可以制作近四年中英、中美关系走势图（见图7），可以发现中英关系一直稳定在较高的水平，而中美关系一直处于较低水平且不断下滑，在2016年甚至跌破了零点，并且随着中美贸易摩擦的爆发达到了最低值。因此可以得出结论，国际关系和地缘政治因素可以解释为什么英国在自身市场条件逊于美国的情况下发展出了更为成熟的人民币离岸市场。也就是说，国际政治权力结构是解释英美人民币离岸市场发展情况差别的决定性因素。

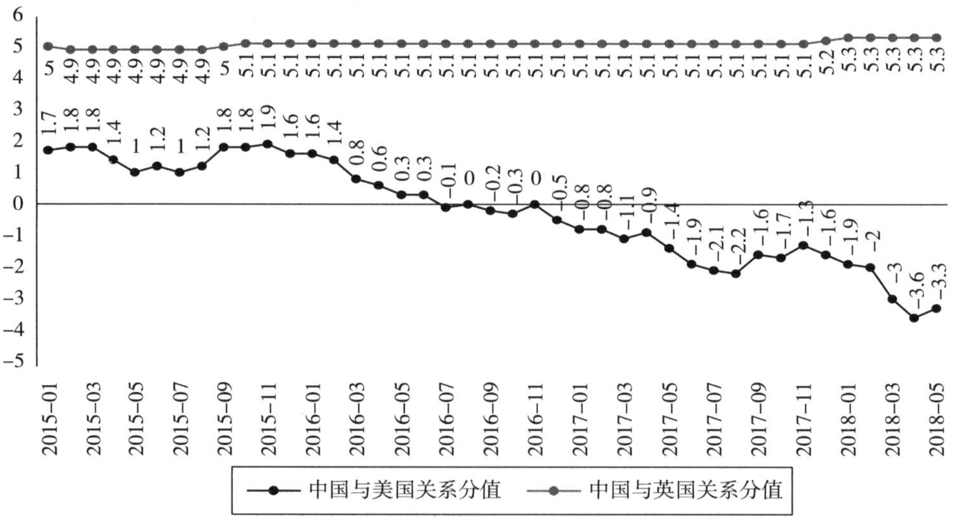

资料来源：http：//www. imir. tsinghua. edu. cn/publish/iis/7522/index. html.

图7 2015—2018年中美、中英关系走势

通过以上分析可以得出结论，在中美关系进入紧张收缩期的情况下，美国人民币离岸市场的发展将进一步趋缓甚至停滞。但值得注意的是，在先前缺少政府力量对美国人民币离岸市场的推动的情况下，美元人民币离岸市场仍然优于绝大多数国家，这说明美国人民币离岸市场仍然蕴藏着巨大的发展潜力。

5. 结论

通过研究历史上第一个离岸市场——欧洲美元市场形成前美元与英镑的互动，可以发现即使对当时经济实力已位居世界第一的美国来说，美元离岸市场的形成与美元的国际化之路仍然因受到英国的种种阻碍而显得漫长曲折，国际政治权力结构的实质性改变是欧洲美元市场形成的核心因素。因此，可以推测在人民币崛起的过程中，美国也会采取类似的阻碍人民币国际化的措施；进一步地，通过比较目前美国人民币离岸市场与英国人民币离岸市场的发展情况，可以发现国际政治权力结构在其中起的决定性作用导致了美国人民币离岸市场发展的特殊性，虽然美国人民币离岸市场有很大的发展潜力，但当下存在着比以往更多的不利于其发展的阻力。

综上所述，可以得出结论：人民币国际化进程有着高度的路径依赖，必然是一个长期而艰难的过程。中美竞争升级所带来的两国关系紧张，在短期内将导致美国人民币离岸市场发展受阻甚至停滞，但长期来看，随着中国实力的不断增强，美国人民币离岸市场的发展潜力会不断释放。

参考文献

[1] 李稻葵. 人民币国际化道路研究［M］. 北京：科学出版社，2013：11.
[2] 张明. 人民币国际化进程有所回暖［J］. 中国外汇，2018（Z1）：6.
[3] 马涛. 人民币国际化进展探析［J］. 时代金融，2017（35）：6+23.
[4] 严佳佳，郭明华，何乐融. 人民币国际化的制约：资本账户未开放还是金融市场欠发达［J］. 经济学家，2018（8）：67-74.
[5] 石杰. 人民币国际化战略的现实选择［J］. 经济研究参考，2008（64）：58-63.
[6] 甄峰. 人民币国际化：路径、前景与方向［J］. 经济理论与经济管理，2014（5）：22-31.
[7] 黄小军，吴昊，靳磊. 美国离岸人民币国际化现状和路径思考［J］. 银行家，2016（12）：74-77.
[8] 林宏宇. 货币权力之争是地缘政治冲突之源［N］. 中国社会科学报，2011-12-15（015）.
[9] 李巍. 货币竞争的政治基础——基于国际政治经济学的研究路径［J］. 外交评论（外交学院学报），2011，28（3）：44-61.
[10] 林甜甜. 英美货币霸权演变及比较［D］. 大连：东北财经大学，2013.

[11] 陈亚温．欧洲美元市场探析［J］．厦门大学学报（哲学社会科学版），1991（1）：47－50＋46.

[12] 李巍，朱红宇．外交关系与人民币离岸市场的发展［J］．世界经济与政治，2017（9）：107－138＋159－160.

[13] 巴曙松，郭云钊．离岸金融市场发展研究——国际趋势与中国路径［M］．北京：北京大学出版社，2008：83.

[14] 曾之明．人民币离岸金融中心发展研究［M］．北京：经济科学出版社，2012：54－68.

[15] Susan Strange. The politics of international currencies [J]. World Politics,, 1971, 123 (2).

[16] Marcello de Cecco. Money and Empire: The International Gold Standard 1890—1914 [M]. Oxford: Blackwell, 1975.

[17] Charles Goodhart. The Political Economy of Monetary Union.

[18] Benjamin Cohen. The Future of Sterling as an International Currency, [M]. London: Mamillan St Martin's Press, 1971.

[19] Frank Costigliola. Anglo - American Financial Rivalry in the 1920s [J]. The Journal of Economic History, 1997, 37 (4).

[20] Marc Flandreau, Clemens Jobst [J]. The Empirics of International Currencies: Network Externalities, History and Persistence " The Economic Journal, 2009, 11 (9).

The Development Prospect of American Offshore RMB Market: Judging from the International Political Power Structure

Wang Yuqi　Wang Weian

Abstract: The offshore market of RMB has developed vigorously since 2009. Under the circumstance that China's capital account has not been fully opened, the offshore market of RMB is of great significance in promoting the internationalization of RMB. To study the development of RMB offshore market, it is not enough to rely solely on economic and financial analysis, and political factors must also be taken into account. The purpose of this paper is to use the theory of structural power model in international political economics, that is, the structure of international political power influences the status of international currency. By studying the interaction between the US dollar and the pound in the formation of the US dollar offshore market and by comparing the current development of the RMB offshore market between Britain and the

United States, we can conclude the particularity of the US RMB offshore market. Predict the development prospects of the offshore RMB market in the United States.

Key Words: US Dollars, British Pounds, the Offshore Market of RMB, International Political Power Structure, Internationalization of RMB

宏观审慎政策国际协调：理论与实践

宋　科[①]　邵梦竹[②]

摘　要　2008 年国际金融危机的爆发暴露了现行金融监管体制及其国际协调机制的不足。危机后，各国先后将宏观审慎政策纳入现行金融监管框架中，并在全球范围内加强监管政策的协调与合作，以减少监管套利、维护金融稳定。本文系统回顾并反思了长期以来宏观经济政策国际协调中缺失的宏观审慎维度，并从国际与国内两个视角，分析了宏观审慎政策国际协调的主体、规则与形式，据此对加强宏观审慎政策国际协调，维护全球金融稳定提出政策建议。

关键词　宏观审慎政策　国际协调　金融稳定

1. 引言

21 世纪以来，经济金融一体化席卷全球，各国的相互依存程度日益加剧，一国在宏观经济政策制定过程中所面临的政策溢出和集体行动问题也日益突出。特别是近年来，中美贸易摩擦不断、英国脱欧进程加速等一系列事件均表明国际形势正呈现出新的局面，加剧了国际贸易、投资以及金融市场的不确定性，金融不稳定事件层出不穷。在这种形势下，迫切需要各国，尤其是大国之间保持战略互信，加强宏观经济政策协调，共同维护全球经济金融的健康可持续发展。

早期宏观经济政策国际协调的理论主要是以 Cooper（1969）为代表的相互依存理论。该理论认为各国之间在经济的结构、目标、政策、冲击等方面存在不同程度的相互依存关系，强调了宏观经济政策国际协调的必要性。在此基础上，大量文献重点研究了政策的外溢效应，并将此作为国际协调的主要逻辑动因，基于博弈论、计量经济学、制度经济学、政治经济学等视角，进一步丰富了该理论的内涵。20 世纪末，欧元的诞生为宏观经济政策协调理论的延伸提供了新的契机。统一货币区的构建、联盟内各国的政策协调等问题的探讨更加丰富了政策协调理论的内容体系和研究方法。2008 年国际金融危机的爆发再次为各国宏观经济政策国际协调提出了新的议题，特别是长期以来被忽略的宏观审

①　宋科，中国人民大学财政金融学院副教授、国际货币研究所研究员。
②　邵梦竹，中国人民大学财政金融学院博士研究生。

慎政策及其国际协调引起理论与实践领域的广泛关注。

宏观审慎政策框架由系统性风险分析与监测、宏观审慎政策工具实施以及政策协调与治理机制三个方面构建①。其中，政策协调与治理机制主要涉及宏观审慎政策如何与货币政策等现行宏观经济政策协调搭配以及宏观审慎政策国际协调两个方面。当前，尽管关于宏观审慎政策框架的内涵与边界等问题的讨论仍在继续，并未形成一致意见。但是加强宏观审慎政策国际协调已有共识（Goodhart，2010）。一方面，金融全球化导致在全球范围内跨境债权债务关系更加复杂，不同金融机构间持有的共同风险敞口不断扩大，金融风险在全球范围内传染和蔓延的速度及发生概率大幅提升；另一方面，不同国家的监管强度和监管理念存在较大差异，导致监管套利问题日益严重。

当前最为重要和紧迫的问题在于，如何在全球范围内进一步加强宏观审慎政策的国际协调，以抑制系统性风险、维护金融稳定。首先，要明确宏观审慎政策国际协调的主体、规则与形式，厘清理论与政策的边界。其次，要进一步梳理国与国之间的风险传导机制，有效降低监管政策的渗出效应，缓解政策的溢出和回溢，保障宏观审慎政策国际协调有效性。最后，要加强深度协调，以规避因不同国家间监管格局不平衡造成的监管套利，维护公平公正的竞争环境以保障全球金融稳定。

本文尝试从理论与实践两个角度，主体、规则与形式三个层面来系统梳理宏观审慎政策的国际协调与搭配。本文余下部分安排如下：第二部分从全球宏观经济政策国际协调的总体视角，讨论在现有框架内纳入长期缺失的宏观审慎政策维度的必要性，并对其与其他政策协调进行对比分析；第三部分从国际与国内两个方面，分析宏观审慎政策国际协调的主体、规则与形式；最后，据此提出相关政策建议。

2. 宏观审慎政策的国际协调：一个长期缺失的维度

国际金融危机爆发以来，尝试构建一个涵盖多种宏观经济政策且重视国内外协调机制建设的金融稳定新框架成为共识，以改变 20 世纪 70 年代以价格稳定无法保障金融稳定、个体稳健无法保障系统稳健的现实状况。在新的金融稳定框架中，一方面要将长期缺失的宏观审慎政策维度纳入其中，另一方面要厘清各种宏观经济政策国际协调机制的差异并据此加强国际协调，推动各监管当

① Andrew D Crockett. Marrying the micro – and macro – prudential dimensions of financial stability [EB/OL]. (2000 – 09 – 21) [2019 – 03 – 11]. https: //www. bis. org/speeches/sp000921. htm; IMF – FSB – BIS. Guidance to Assess the Systemic Importance of Financial Institutions, Instruments and Markets: Initial Considerations [EB/OL]. (2009 – 10) [2019 – 03 – 11]. https: //www. bis. org/publ/othp07. pdf; 马勇，陈雨露. 宏观审慎监管：目标、工具与相关制度安排 [J]. 经济理论与经济管理，2012 (3): 5 – 15.

局和国际组织采取合理的政策搭配、选择有效的政策协调途径，共同维护全球金融稳定。其中，包括但不限于货币政策、财政政策、汇率政策以及宏观审慎政策等宏观经济政策的国际协调。

货币政策的国际协调。当前，各国制定货币政策的首要目标在于维持价格稳定、促进经济增长，而且政策国际协调的关键也在于能否有利于实现本国政策目标、改善社会福利。随着各国金融业务联动性的加强，货币政策通过利率、国际资本流动、货币供应量以及国际贸易等渠道产生显著的溢出效应和回溢效应①。特别是国际金融危机以来，各国中央银行，以及以 G20 为代表的国际组织平台，都意识到进一步加强国际协调的必要性与紧迫性，先后通过签订货币互换协议、协同降息等形式积极进行双边及多边的政策协商，就审慎管理流动性、维护金融稳定、刺激经济等重大问题展开全球层面的货币政策协调合作，共同应对危机。孙国峰等（2017）认为在新的背景下，各国开始基于全局最优视角参与政策协调，协调机制由事后博弈向事前决策转变；协调内容由单一的短期汇率协调扩展到涉及通货膨胀、产出、资本流动等多个宏观指标的长期协调；协调方式由依赖国际组织和国际协议开展向各国货币当局在制定政策时自发考虑别国决策以及自身政策溢出影响转变，推动货币政策协调机制进一步完善。

财政政策的国际协调。与货币政策类似，财政政策在对一国社会总供给和总需求进行管理和调节的同时，往往也会通过跨境资本流动、对外贸易等渠道对其他国家的经济金融发展产生影响，引起政策的外溢。20 世纪 90 年代，部分研究②认为欧元区成员国具有将本国债务和财政赤字向外输出的激励，不利于欧元区整体稳定。在这一背景下，成员国签署了《马斯特里赫特条约》《稳定与增长公约》以及《财政契约》等一系列协议，要求成员国按照统一准则进行财政预算管理。欧元区范围内的财政政策协调更多的是一种财政约束，忽略了成员国家的发展差异，也失去了一定的公平性。次贷危机和欧洲债务危机爆发后，以 G20 为主导，各国加强了财政政策的国际协调合作，致力于维护全球金融稳定，促进经济复苏。逆周期财政政策调节和保障政府赤字可持续性成为财政政策国际协调的主要内容。但 2018 年以来，以美国为代表的少数国家重拾贸易保护主义，利用关税、政府补贴等手段影响国际贸易秩序，对财政政策国际协调提出了新的挑战。

外汇政策的国际协调。汇率变动是影响一国国际贸易和资本流动的重要因

① 中国人民大学国际货币研究所．人民币国际化报告 2018：结构变迁中的宏观政策国际协调［M］．北京：中国人民大学出版社，2018；宋科，黄泽清，刘相波．新兴市场国家对发达国家量化宽松政策的回溢效应［J］．国际金融研究，2018（3）：46～56.

② Alesina，Alberto，Drazen. Why Are Stabilizations Delayed？［J］. *American Economic Review*，1991，81（5）；Allsopp C.，D. Vines. Fiscal Policy and EMU［J］. *National Institute Economic：Review*，1996，158：91－107.

素，也将直接对其他国家的国际收支和金融市场产生影响，具有十分显著的外溢性。现行国际货币体系是典型的“中心国家+外围国家”二元结构。以美元、欧元、日元、英镑等发达经济体货币处于中心，而大多数发展中国家处于外围。外围国家货币通常以发达国家货币为锚货币。IMF、BIS等国际组织是目前各国开展汇率政策协商的主要平台，这些协商机制也往往以发达经济体为中心，发展中国家的话语权十分有限。值得注意的是，发展中国家相比发达国家更容易受到汇率波动和国际资本流动的冲击，其在国际协调中的弱势地位无法有效满足发展中国家的现实需求，甚至处于被动协调，形成利益损失。随着越来越多的国家实行更加灵活、开放的汇率制度，加强汇率政策的国际协调对于解决全球经济失衡、维护金融稳定具有十分重要的意义。其中最为重要的是，如何改善发达国家与发展中国家的非对等协调地位，并以此推动健全双边及多边汇率政策对话与协商机制。

宏观审慎政策的国际协调机制在国际金融危机之后逐步得到理论与实践领域的广泛重视，其政策指向在于通过全球范围内的宏观审慎政策工具协调来防范系统性风险、维护全球金融稳定。与传统经济政策类似，一国在实施审慎监管政策时也会通过资本流动、国际贸易、货币供应量、资产组合等常规渠道对其他国家产生溢出影响。此外，宏观审慎政策还通过金融风险的跨境传染渠道，使得一国在防范自身金融风险的同时，避免风险相互传染，具有一定的正溢出效应①。国际金融危机后，各国就构建审慎政策国际协调机制达成共识，利用G20、IMF、FSB等国际平台多次开展政策协商，取得了显著的成效。当然，维护全球金融系统的稳定，需要多种宏观经济政策的相互协调与配合。一方面，现行宏观经济政策所追求的物价、汇率、财政收支的稳定是金融体系稳定的必要条件，宏观审慎政策国际协调需要其他宏观经济政策协调机制的支持和补充；另一方面，全球金融稳定是各国开展政策协调的基本保障，宏观审慎政策的协调和实施效果也将影响其他宏观经济政策的有效协调和实施。整体上看，当前各种宏观经济政策的国际协调机制既具有共性之处又各有侧重，彼此紧密联系、相辅相成。既包括在一国范围内的政策协调，又涵盖国际间的政策协调。各国应积极开展多种政策的国际协商与合作，共同维护金融稳定，推动全球经济金融可持续发展。

3. 宏观审慎政策国际协调：主体、规则与形式

国际金融危机爆发以来，宏观审慎政策席卷全球，主要国家在各自进行的

① 中国人民大学国际货币研究所．人民币国际化报告2018：结构变迁中的宏观政策国际协调［M］．北京：中国人民大学出版社，2018.

金融监管体制改革中，都在很大程度上将其纳入金融稳定框架中。一方面，宏观审慎政策需要与货币政策、财政政策等传统经济政策相互协调与配合，以避免不同政策在目标、实施工具、传导渠道等方面的冲突，降低监管效力。另一方面，在金融一体化不断加强的背景下，宏观审慎政策对国内经济变量的影响将进一步通过国际资本流动、贸易、汇率波动以及市场预期等渠道产生明显的外溢效应。后危机时代，如何设计宏观审慎政策国际协调的形式和机制已经成为亟待解决的重要问题。

3.1 宏观审慎政策国际协调的主体

当前，无论是从理论还是从实践来看，在国家层面如何确定宏观审慎政策主体仍然是一个争议性话题。IMF（2011）① 根据各国实践，将宏观审慎政策主体分为三种模式：一是现行某一监管机构被赋予宏观审慎监管的职责；二是由某个特定机构负责执行和评估宏观审慎政策，但通常由下设的政策委员会负责制定相关政策；三是成立单独的委员会作为宏观审慎政策主体，政策的制定往往由多个监管机构共同协商确定。2017 年，IMF 进一步对 141 个成员国展开调查②，其中 111 个国家就宏观审慎政策监管主体问题做出回答，结果表明，约 72% 的国家都认为中央银行具有降低金融系统性风险的专业性和动机性，应当赋予其维护金融稳定的职责，并与其他政策主体开展协调合作。其中，39 个国家将中央银行作为唯一的审慎政策授权主体。约 23% 的国家在中央银行内设立金融稳定委员会，约 27% 的国家在中央银行外设立金融稳定委员会。不难看出，尽管国际金融危机爆发以来各国确立的宏观审慎政策主体各异，但是加强中央银行的金融稳定职责却是大势所趋。这主要考虑到：一是在通货膨胀目标制占据主导的情况下，中央银行的首要职能是保障货币稳定，但是宏观审慎政策所关注的宏观管理问题与价格稳定密不可分；二是货币政策与宏观审慎监管政策的具体目标尽管不尽相同，但是本质上都是要为保障金融稳定服务，而且中央银行具有的专业技术、监管能力以及良好声誉等优势都能保障该目标的实现；三是中央银行的独立性特征能够满足公众对于监管部门自身信用的要求；四是中央银行在统筹金融统计、金融信息标准制定和共享等方面具有其他监管机构不具备的优势。

内部协调方面，宏观审慎监管主体需要组织并协调各部门监管机构（如微观审慎监管、货币政策、财政政策、产业政策等政策部门）进行政策协调，在制定审慎政策时充分考虑其他宏观经济政策的相互影响，在不同的监管部门之

① IMF. Macroprudential Policy – An Organizing Framework [EB/OL].（2011 – 03 – 14）[2019 – 03 – 11]. http://www.imf.org/en/Publications/Policy – Papers/Issues/2016/12/31/Macroprudential – Policy – An – Organizing – Framework – PP4545.

② 数据来源于 IMF Macroprudential policy Database，具体统计结果参见附表 1。

间进行权力和职责分配，以维持总体政策目标的一致性（Gabriele Galati 和 Richhild Moessne，2011）。Borio（2011）认为宏观审慎政策主体的设立应充分考虑权责确立和不同政策目标之间的协调问题。权责确立需要一套明确、透明的指令和保证政策制定者承担相应责任的有效制度程序，这对于采用相机抉择的政策制定者来说尤为重要。宏观审慎政策主体将在很大范围内实施监管措施来维护金融系统的稳定，需要一系列监管主体之间的相互配合。Schoenmaker 和 Wierts（2011）认为，一方面，宏观审慎监管要避免政治干扰，保证政策独立性；另一方面，鉴于财政部在危机救助方面的重要作用，宏观审慎监管应当建立一个介于货币政策与财政政策之间的权责类型。

国际协调方面，监管政策是一国监管当局综合国内经济水平、政治立场以及国际市场形势等多种因素的最终决策，本身很难兼顾其他国家利益并做到监管政策统一。特别是对于目标和机制均具有跨部门、跨市场和跨国别特点的宏观审慎政策而言，更需要各国政策主体加强跨境的政策协调与合作。Acharya Viral（2011）建议分步骤建立宏观审慎监管框架，主要经济体的监管当局需进行多边协商合作，针对重要问题和监管原则达成共识；而后主要经济体所在区域组织向各国监管当局传达具体的政策建议，进一步推动监管政策的具体实施。在此过程中，以 IMF、BIS、FSB 为代表的国际组织成为宏观审慎政策国际协调的主体，协调不同国家间政策主体的行为。

21 世纪以来，我国就如何构建金融稳定框架进行了一系列改革，特别是在国际金融危机后，对于构建适合中国国情的宏观审慎政策框架，明确宏观审慎政策主体进行了一系列实践和探索。早在 2003 年，修订后的《中国人民银行法》就明确赋予了中国人民银行维护金融稳定的职责。2013 年，国务院同意建立人民银行牵头的金融监管协调部际联席会议制度，强调了人民银行在协调金融监管政策方面的主导作用，加强了“一行三局”对交叉性金融机构和金融业务的监管合作，共同维护金融体系的稳健运行。2015 年末，人民银行提出“宏观审慎评估体系”，标志着我国正式建立宏观审慎监管体系，并在 2017 年党的十九大报告中正式提出“健全货币政策和宏观审慎政策双支柱调控框架”。同年，为进一步提高监管协调的效率和权威性，增强统筹防范系统性金融风险的能力，在原有的监管协调机制上成立国务院金融稳定发展委员会，作为统筹协调金融稳定的议事机构。国务院金融稳定发展委员会将办公室设在中国人民银行，赋予其更高层次的系统性风险防范和统筹协调保障金融稳定的职责。2018 年 3 月，取消银监会和保监会，成立中国银行保险监督管理委员会，统一监管银行业和保险业，是中国改革金融监管体制的又一重大举措。至此，我国金融监管形成“一委一行两会”的格局。2019 年 2 月，中国人民银行新设宏观审慎管理局负责构建宏观审慎管理框架，并增加了宏观审慎监管职责，同时也标志着我国“货币政策 + 宏观审慎政策”双支柱监管形式的初步建立。

3.2 宏观审慎政策国际协调的规则

基于规则还是相机抉择，是长期以来在宏观经济政策领域充满争议的话题。国际金融危机爆发以来，宏观审慎政策实施同样也面临着与货币政策相同的规则与相机抉择的两难选择。监管当局遵循一定的程序和原则来制定宏观审慎监管政策将有利于提高政策的可预测性和透明度，稳定市场参与者对未来政策的预期，防止监管者在面对利益集团和公众压力时产生政策执行偏差，特别是在经济上行期，若监管当局以相机抉择为原则采取紧缩型监管政策，往往会受到公众短视行为的阻碍，无法及时抑制经济过热①。但现实情况是，各个国家对于系统性风险的计量仍未达成一致，很难准确识别和监测系统性风险，尚不具备制定完备的宏观审慎政策规则的能力与条件。Landau 和 Jean – Pierre（2009）认为由于规则本身存在设计缺陷，监管当局在制定宏观审慎政策时需要相机抉择，作为监管规则的补充。CGFS（2010）同样认为相机抉择是现阶段宏观审慎政策制定者应当采取的基本原则。相机抉择允许宏观审慎政策制定者根据经济周期、金融体系和实体经济的具体情况采取政策措施，相比确定的规则，可以更加有效地防止市场参与者根据确定性规则预期未来政策并提前采取措施规避监管，保证监管工具的有效性。Agur 和 Sharma（2013）指出由于实体经济与金融体系之间的联系错综复杂，风险的传导渠道难以预测，基于系统性风险的预警指标无法实现，因此，宏观审慎政策无法完全基于确定性规则来实现。但实行相机抉择的监管当局由于缺乏确定的政策规则，缺乏与公众有效的交流机制，在进行政策调整时将面临来自社会各方的压力，从而无法及时调整政策来应对系统性风险的不确定性。因此，他们建议监管当局同时采用确定规则和相机抉择，在正常的经济状态下使用确定规则制定政策工具，但仍然需要随时间变化的政策工具加以辅助，由监管当局相机抉择。这也是大多数文献所提倡的观点，相机抉择与基于规则应当更好地进行平衡，既强调明确清晰的指导方针政策，又出于宏观审慎评估不确定性而不可避免地使用相机抉择权（CGFS，2010）。

从国际协调的层面来看，监管当局同样应当实现规则与相机抉择之间的平衡。但是相较于国内协调而言，复杂多变的国际协调更为倚重规则，而且随着参与国际协调国家的增多，基于规则的协调方式更为有效（Attila Csajbók 和 Júlia Király，2011）。宏观审慎政策的协调往往发生在跨部门、跨国家的机构和业务中，各方监管当局应在确定的、统一的、具有国际共识的基本规则和指导

① Suh H. Macroprudential Policy: Its Effects and Relationship to Monetary Policy [R]. *FRBP Working Paper*, 2012; Agur and Sharma. Rules, Discretion and Macroprudential Policy [R]. *IMF Working Paper No. 65*, 2013.

方针基础上，根据不同的情况相机抉择，以增加政策协调的灵活性（马新斌，2017）。国际标准虽然具有自愿的性质，却是全球金融一体化的关键支柱。各国政策当局只有自觉维持国际最低政策标准的一致性，才会创造一个更加灵活、开放的全球金融体系（FSB，2017）①。IMF、FSB、BIS 等国际组织发布的审慎监管框架实施准则可以作为各国进行审慎监管的确定性规则，有利于各国在宏观审慎政策的实践中遵循统一的国际标准，在国际范围内保证政策的一致性。如巴塞尔银行监管委员会（BCBS）、国际支付和清算协会②（CPSS）、国际保险监督官协会（IAIS）以及国际证监会组织③（IOSCO）等。这些国际机构在行业内部发布国际性的监管准则与要求，作为各国在国家层面制定和实施监管政策过程中共同遵守的规则。此外，IMF、FSB 以及 BIS 等国际组织对于政策国际协调的对话平台、谈判流程以及协调原则等方面均有所规定，为各国进行宏观审慎政策的国际协调提供了准则和依据。在此基础上，各国监管当局根据本国经济金融发展情况，相机抉择，制定符合本国利益的协调政策，及时、灵活地进行国际政策协调，以避免政策冲突。

3.3 宏观审慎政策国际协调的主要形式

3.3.1 双边协调

现行宏观审慎政策双边协调的实践，主要集中在跨境金融机构所面临的因母国与东道国监管政策差异而进行的双边政策协调。根据国际经济法相关内容，跨境业务的监管协调原则主要有保护主义原则、对等互惠原则、最惠国待遇原则以及国民待遇原则④等。在国际贸易和国际金融业务的具体实践中常常

---

① FSB. Implementation and Effects of the G20 Financial Regulatory Reforms: Third Annual Report [EB/OL]. (2017-07-03) [2019-03-11]. http://www.fsb.org/wp-content/uploads/P030717-2.pdf.

② 国际支付和清算协会（Committee on Payment and Settlement Systems）由 G10 的中央银行组成，负责监测支付和结算系统的发展情况。2011 年 3 月，国际支付和清算协会联合国际证监会组织（IOSCO）发布《金融市场基础设施原则》，为支付、清算和结算系统提出了新的标准，该原则针对系统重要性支付系统、中央证券托管机构、中央结算系统、中央交易对手和贸易存储库提出了 24 项准则，目的在于健全全球金融市场基础设施建设，抵御金融冲击。详细内容参见 https://www.bis.org/cpmi/publ/d94.htm。

③ 国际证监会组织（International Organization of Securities Commissions）由多个国家的证券监管机构组成，主要负责制定全球证券监管准则、建立国际证券业务监管机制等。2010 年 7 月，其对证券监管的目标和原则进行了修订，更加关注系统性风险的防范。更多详细内容参考 *Objectives and Principles of Securities Regulation* 2011、*Mitigating Systemic Risk—A Role for Securities Regulators*。

④ 保护主义原则即东道国对外资金融机构采取限制性监管政策，以保护本国金融机构和业务的发展；对等互惠原则是指东道国和母国均采取对等互利的监管政策；最惠国待遇原则是指世界贸易组织成员国应相互给予最惠国待遇；国民待遇原则是指在一定范围内，外资金融机构与东道国金融机构遵循相同的监管政策，承担相同的义务和责任。详细内容参见陈卫东，王家强. 内外资银行监管政策的国际比较及对我国的启示 [J]. 中国金融，2006 (23): 64-65.

采用更加灵活的互惠原则，即两个国家之间互相给对手国优惠待遇或权利，而具体互惠内容由双方协商决定。《巴塞尔协议Ⅲ》针对国际化银行体系提出了管辖权互惠的政策协调机制。巴塞尔银行监管委员会要求银行按照风险加权资产（既包括国内资产，也包括国际资产）的一定比例提取逆周期缓冲资本。这一政策在具体实施过程中，要求母国与分支机构所在国或业务发生国监管当局充分进行监管政策的协调与合作，就互惠条款达成一致。国际银行的信贷业务敞口受到多个国家监管当局的监管，每个东道国针对该银行在其管辖范围内的信贷业务敞口制定缓冲资本比例要求。因此，国际银行的缓冲资本要求由所有信贷业务所在国缓冲资本监管要求加权平均得到。东道国在政策制定后需告知跨境金融机构的母国并希望母国监管当局对东道国的政策予以尊重与支持。而跨境金融机构的母国针对同一跨境金融机构信贷业务敞口要求的逆周期资本缓冲比例只能高于或者等于东道国所要求的水平，从而避免金融机构在两个国家之间寻求监管套利。母国与东道国依据互惠原则进行协商，以保证国内金融机构与境内外国机构在相同的监管政策环境下进行公平竞争。

针对跨境金融集团监管的协调与合作，BCBS、FSB 等国际组织倡导设立监管联席会议机制，就跨境金融机构的监管政策进行国际协调。监管联席会议（Supervisory College）① 由母国监管当局主导，相关东道国共同参与，是专门针对跨境金融集团的合作监管而建立的一种机制。通过定期举行面对面会议，母国与东道国监管当局就跨国金融集团的经营业务、风险水平等问题进行信息的交流与互换，以实现母国和东道国之间的沟通与互信。母国与东道国监管当局就跨境监管问题进行平等协商与对话，避免监管重叠和监管真空，以实现对跨境金融集团的持续有效监管。

母国与东道国之间的双边协调也是金融机构，尤其是全球系统重要性金融机构跨境危机处置国际协调合作的重要内容。《跨境银行处置小组的报告与建议》②《金融机构有效处置机制核心要素》③ 等报告中均强调了母国与东道国的协调与合作对于建立金融机构跨境处置机制的重要意义。双边处置合作备忘录、金融机构跨境处置合作协议等一系列协议的签订将进一步推动母国与东道国监管当局开展处置政策的协调与合作，有效防范风险和危机的跨境传染。此外，双边货币互换协议是双边国家进行流动性合作管理的重要工具，在促进双

① BCBS 将监管联席会议定义为由相关监管者组成，通过各方的协调与合作，加强国际银行集团有效并表监管的多边工作组；国际保险监督官协会（IAIS）将监管联席会议定义为是完善国际集团监管框架的重要手段，在日常和危机状况下，在集团层面促进相关监管者间合作、信息交流与监管活动协调。2009 年匹兹堡峰会上，FSB 将“设立监管联席会议”作为基本职能之一。资料来源：李仁真，周忆．论跨境金融集团监管联席会议机制［J］．金融监管研究，2012（2）：103 – 114.

② BCBS. Report and Recommendations of the Cross – border Bank Resolution Group［EB/OL］．（2010 – 03）［2019 – 03 – 12］．https：//www. bis. org/publ/bcbs169. pdf.

③ FSB. Key Attributes of Effective Resolution Regimes for Financial Institutions［EB/OL］．（2014 – 10 – 15）［2019 – 03 – 12］．http：//www. fsb. org/wp – content/uploads/r _ 141015. pdf.

边贸易和投资的同时，还将通过流动性救助提升一国应对金融冲击的能力，缓解危机传染与蔓延，维护区域金融稳定。资本跨境流动与各国宏观经济立场紧密相关，各国应加强资本流动的监管合作，以降低政策的外溢效应，维护全球流动性稳定。20 世纪中期开始，美联储曾在不同时期多次进行双边货币互换。国际金融危机发生后，为了给国内外市场，特别是给美国金融机构的海外分支机构以及海外企业提供紧急流动性支持，美联储再次与欧洲中央银行、英国、日本、瑞士等的十几家中央银行签订了货币互换协议。

如何对系统重要性金融机构采取快速有效的跨境处置，更大程度上降低危机爆发后的救助成本，也是双边协调面临的重要问题。其中，最为关键的是由哪个当局、何种法律来保护金融机构的关键功能。一般情况下，各国辖区的资产分布、处置方式选择以及公司价值的不同分布，会导致不同当局与法律管辖权的冲突。地方主义、普适主义和契约主义三种跨国破产法律理论被用来解决上述冲突，但是在处置大型、复杂、全球活跃度高的金融机构并保护关键功能的情况下，上述方法不太适用（斯蒂恩·克莱森斯等，2013）。Hupkes（2011）认为当前应对跨境处置挑战的方法应当包括：法律形式跟随经济功能；以普适主义为基础，保存关键功能，并使一国当局在跨境复杂机构处置时，以法定公共政策目标代替地区主义；使用法律手段，激励金融机构董事会和管理层及早减少影响关键功能的阻碍。

近年来，我国金融开放水平不断提高，跨境银行机构和业务在金融体系中所占比例不断增大，建立母国—东道国监管政策协调机制是我国强化跨境金融机构监管的主要手段。当前，我国主要实行以母国监管为主、东道国监管为辅的原则，积极构建双边协调机制。截至 2017 年末，我国已经与 70 个国家和地区签订双边监管合作谅解备忘录和监管合作协议①。在巴塞尔银行监管委员会确定的跨境银行监管原则指导下，双方就信息交换、市场准入和现场检查等方面达成一致，建立并加强了双边监管政策的合作机制。此外，原中国银监会多次开展监管磋商会议，分别与新加坡、中国香港、美国、日本以及韩国等多个国家和地区的监管政策制定者就银行监管问题进行了积极的探讨与合作。为响应 FSB 对全球系统重要性金融机构的监管要求，多次召开中国工商银行、中国银行、中国建设银行的监管国际联席会议，与银行分支机构所在国的监管当局就银行的跨境监管问题开展交流与合作。中国人民银行还加强了区域货币互换机制建设，截至 2018 年末，已与 42 个国家和地区签订人民币互换协议②。与多个国家进行跨境资本监管政策的交流与合作，有利于中国有效应对流动性风险和外汇风险，提升区域金融危机的救助能力。

① 资料来源于中国银行保险监督管理委员会。

② 资料来源于中国人民银行。

3.3.2 多边协调

宏观审慎政策的协调与合作需要一个健全的机制来促进各国就维护全球金融稳定达成基本共识，也需要确保各国在实施宏观审慎政策的同时保持集体目标一致性。目前，IMF、BIS、FSB 和 G20 等国际组织已经成为促进宏观审慎监管政策多边以及区域性协调的重要平台，它们相互之间密切合作，但监管功能各有侧重（各国际组织审慎监管职责的具体分工情况详见附表 2）。在它们的倡导下，多个国家已经就宏观审慎监管政策进行平等参与、对话与磋商，在构建宏观审慎政策的监管目标、监管工具、制度安排和国际协调与合作等方面初步达成共识。与双边政策协调相比，多边或区域性协调的范围更加广泛和有效，能够显著增强政策工具执行力和有效性，为构建全球宏观审慎监管框架提供了有利条件。

IMF 以多边协调和监督为主导，通过设计、制定宏观审慎监管政策的制度框架和实施标准，出台国际性政策性文件，为各国实施宏观审慎政策提供统一的制度基础。IMF 还致力于健全全球经济金融信息与数据库，消除各国数据的差异，完善全球金融稳健性指标的构建，密切监测和评估系统性风险。指导并监督各国宏观审慎监管政策的具体实践也是 IMF 的重要职责，IMF 与世界银行联合推出金融部门评估规划（FSAP），监测各国金融系统的稳健性，并要求成员国定期发布《金融部门评估计划——关于宏观审慎政策框架的技术说明》系列报告，真实披露审慎政策的实施情况，由 IMF 进行监督指导。此外，IMF 还建立磋商机制，通过定期组织多边或区域性的高层领导人会议，促进成员国之间的政策协商。

而 BIS 则更多地从银行系统监管的角度出发，较早地认识到了微观审慎监管在应对系统性风险方面的不足，提出实施宏观审慎监管政策的必要性。BIS 与各国领导人、各类国际组织定期举行政策对话，致力于银行监管政策的国际协调与合作，监督各国中央银行的宏观审慎政策实施情况。巴塞尔银行监管委员会（BCBS）和全球金融系统委员会（CGFS）是其相关政策实施的主要渠道。从 20 世纪 80 年代开始，BCBS 通过出台《巴塞尔协议》为各国银行监管提供统一的政策标准并监督落实各项要求。国际金融危机爆发以来，BCBS 成立了宏观审慎监管工作组，负责构建全球系统重要性金融机构的监管框架，防范系统性风险。CGFS 由 BIS 成员国的中央银行行长构成，定期举行中央银行行长会议讨论金融系统稳定的相关议题，协调各方制定相关政策措施和标准，达成国际共识，并监督各成员国中央银行执行相关政策。

G20 是目前讨论全球治理、维护国际金融稳定的主要国际组织。G20 峰会每年举行两次，主要发达国家和发展中国家的中央银行、财政部部长等高层领导人参加，IMF 和 BIS 等国际组织均列席峰会，共同讨论国际议题，制定并监督实施国际政策纲领，推动国际金融经济合作。2009 年匹兹堡峰会会议文件正式引入“宏观审慎政策”概念，明确了实行宏观审慎监管政策的必要性。此后，如何构建宏观审慎政策框架维护全球金融体系稳定成为历年 G20 峰会的重要内容。

FSB 是 2009 年 G20 伦敦峰会的产物，其前身为金融稳定论坛（FSF），由多个国家和地区的高层领导人组成，积极推动各国金融监管体系的改革，维护全球金融稳定。与 IMF、BIS 等国际组织不同，FSB 制定的政策并不具有法律约束力，只是作为政策协调主体，推动金融监管政策在国际范围内的协调实施①。FSB 致力于加强各国信息交流，促进国际合作。在银行、保险和证券监管等方面都制定了完善的合作标准和信息交流标准，要求成员国签订信息交流合作协议并严格执行相关标准，按时进行信息披露并接受国际组织审核。FSB 通过成立脆弱性评估常设委员会对成员国家定期进行资料调查，密切监测各国金融系统的稳定性。“以身作则”和“同侪压力”是 FSB 监督和强化成员国监管政策实施的重要机制。一方面，FSB 要求成员国提交本国金融监管改革进展情况报告，接受国际组织和其他成员国对其政策实施情况的监督与评估；另一方面，针对不合作的国家或地区采取反制措施。鼓励非成员国以及非合作国家和地区参与金融监管政策改革，从而促进更大范围内的国家遵守国际标准。此外，加强 G－SIFIs 的监管也是 FSB 的重要职责，FSB 制定 G－SIFIs 评估方法并定期公布名单，要求成员国针对 G－SIFIs 进行特殊监管，防范系统性风险。

作为 IMF、G20、FSB、BCBS 等国际组织的重要成员国，我国积极参与国际性和区域性的政策协调活动，响应国际组织对构建审慎监管政策协调机制的倡导并完成国际组织在政策协调方面提出的各项要求。《巴塞尔协议Ⅲ》通过后，我国在立足基本国情的基础上积极实施巴塞尔银行监管委员会提出的监管要求，顺利通过了巴塞尔银行监管委员会对中国银行监管政策的一致性评估。截至 2017 年，我国已基本完成了《巴塞尔协议Ⅲ》在逆周期资本缓冲、全球系统重要性银行资本要求以及杠杆率等方面的监管制度框架的构建。同时，积极接受 IMF 和世界银行的“金融部门评估规划”测评，其金融体制的改革成果受到了国际组织的肯定与赞赏。

此外，我国大力倡导并开展区域性合作机制，“一带一路”建设、亚洲基础设施投资银行建设等战略的实施，为全球合作和治理提供了新思路。发展区域性合作战略有利于在区域范围内进行双边及多边的政策协调与合作，对于建立宏观审慎监管政策国际协调机制具有十分重要的意义。中国人民银行行长易纲在第五届中国—东盟金融合作与发展领袖论坛上倡议在东亚及太平洋中央银行行长会议组织（EMEAP）框架下成立货币与金融稳定委员会，以促进亚洲地区金融稳定领域合作以及区域内跨境监管沟通与协调。2016 年杭州 G20 峰会上，中国将“防范金融机构活动的内生系统性风险，强化宏观审慎政策框架”

① 各国际组织对于宏观审慎政策国际协调的具体分工情况，详见附表 2。

作为重要议题提出，为构建全球宏观审慎政策框架积极贡献中国智慧。此外，易纲行长在2018年博鳌论坛上宣布了我国金融业的开放时间表，标志着未来外资金融机构准入条件将更加放松、国际金融业务更加丰富、外资流动也将更加频繁，这也为我国金融监管提出了新的挑战。随着我国金融业开放度的提高，我国监管当局将进一步推动与其他国家的监管政策协调，以保证金融系统整体的稳定。

4. 结论与建议

国际金融危机爆发以来，将宏观审慎监管政策纳入金融监管框架，是各国监管当局弥补传统宏观经济政策在维护金融稳定方面的不足所做出的重大监管体制改革。由于各国的经济环境、政治立场以及法律制度等方面存在显著差异，各国监管当局对于宏观审慎政策实施的时机、工具的选择以及实施的力度也存在着明显的区别。就政策协调而言，在保证宏观审慎政策与国内其他宏观经济政策之间协调搭配的同时，也需要各国在全球范围内构建审慎政策的国际协调机制，从而有效抑制监管政策的渗出和外溢，防止监管套利，降低因政策冲突造成的全球性成本。当前，各国监管当局就跨境监管问题进行高层次的对话与交流，积极开展双边协调，并以国际组织为平台开展多边政策协商，共同维护金融系统的稳定，取得显著成效。

首先，要妥善处理宏观审慎政策与其他经济政策之间的关系，实现政策的内部协调。在宏观经济政策国际协调的早期实践中，往往更加注重维持汇率和经常收支的稳定，保障外部均衡，不得不放弃部分国内政策的自主性，从而忽略了一国内部均衡的重要性。不同的经济政策在目标、工具、机制等方面存在差异，但金融稳定始终是各项经济政策顺利实施的基本保障，也是一国促进经济发展、提高社会福利的必要条件。宏观审慎政策与货币政策、财政政策等其他宏观经济政策的协调与搭配，一方面有利于促进经济的健康发展、维护金融体系稳定，另一方面也为各国利用有限的政策工具实现多个政策目标提供了新思路。不同政策的作用方式、作用领域、作用机制有所不同，通过协调使用多种政策工具，发挥比较优势，将有助于监管当局通过多元化的监管渠道达到维护金融稳定、促进经济发展的最终目标，以最大化各项监管政策的实施效率。此外，实现一国政策的内部协调也是各国进行国际协调的前提条件，只有在保证一国内部均衡的基础上，才能更好地参与国际协调与合作。

其次，要明确宏观审慎政策的监管主体，明晰责任分工。目前，各国尚未就宏观审慎政策的监管主体达成一致，部分国家甚至仍未确立审慎政策授权主体，导致政策的职责弱化、分工不明，难以保障审慎政策的有效实施。审慎政策的主体和制度设计与各国具体的国情密切相关，但无论是以中央银行还是以金融稳定委员会作为审慎政策主体，都需明确监管主体的职责以及各部门的具体分工。宏观审慎的监管主体至少应该承担宏观审慎数据的收集与分析、宏观审慎监管政策的制定与执行以及与其他监管机构的协调三方面职责。这些职责的发挥依赖于审慎监管主体与其他监管部门的密切合作与配合，才能起到防范金融系统风险的作用。一方面需要国家内部不同监管主体的协调来避免国内政策目标冲突，另一方面也需要不同国家监管主体之间建立国际协商机制以最小化一国政策的外部性，维护全球金融体系的稳定。

最后，要继续丰富全球合作的理念与实践，尤其是主要经济体之间要加强宏观审慎政策的国际协调与合作。近年来，国际形势发生了深刻变化，地缘战略竞争愈演愈烈、多极化特征日益明显、贸易保护主义重现等带来了严峻挑战。英国脱欧、中美贸易摩擦等极端事件的出现更是极大地增加了世界秩序和金融市场的不确定性。虽然距离2008年国际金融危机已逾10年，但全球经济尚未完全复苏。面对各种新的挑战，各国更应该加强协商与合作意识，致力于构建公平、合理的国际金融市场和贸易体制，维护全球稳定。尤其是对主要经济体来说，更需要明确大国职责、树立大国担当，共同努力建立以和平和发展为主旋律的国际经济金融新秩序。在此过程中，中国作为最大的新兴市场国家，不断践行各项国际监管标准，积极倡导并推动构建双边及多边协商机制，在推动政策协调与合作方面发挥着关键作用，也为全球的合作和治理提供了中国智慧。

附　录

附表1　IMF成员国宏观审慎监管主体设立情况

宏观审慎政策监管主体	国家和地区名称
1. 中央银行（80个国家）	阿尔巴尼亚、安哥拉、阿根廷、亚美尼亚、巴林、孟加拉国、比利时、伯利兹、不丹、玻利维亚、博茨瓦纳、文莱达鲁萨兰、保加利亚、佛得角、柬埔寨、智利、中国、哥斯达黎加、克罗地亚、库拉索和荷属圣马丁、塞浦路斯、捷克、吉布提、埃及、爱沙尼亚、格鲁吉亚、加纳、希腊、危地马拉、洪都拉斯、中国香港、冰岛、印度尼西亚、爱尔兰、意大利、牙买加、日本、约旦、哈萨克斯坦、科索沃、吉尔吉斯斯坦、黎巴嫩、莱索托、利比里亚、立陶宛、马其顿、马来西亚、马尔代夫、马耳他、毛里求斯、墨西哥、蒙古国、缅甸、尼泊尔、荷兰、新西兰、尼日利亚、阿曼、巴基斯坦、巴布亚新几内亚、菲律宾、葡萄牙、卡塔尔、俄罗斯、卢旺达、沙特阿拉伯、塞尔维亚、塞拉利昂、新加坡、斯洛伐克、南非、斯里兰卡、瑞士、坦桑尼亚、泰国、乌克兰、乌拉圭、委内瑞拉玻利瓦尔、越南、赞比亚

续表

宏观审慎政策监管主体	国家和地区名称
1.1　中央银行下设委员会（25 个国家）	安哥拉、文莱达鲁萨兰、佛得角、萨尔瓦多、格鲁吉亚、圭亚那、匈牙利、以色列、牙买加、约旦、黎巴嫩、利比里亚、马来西亚、尼日利亚、巴基斯坦、沙特阿拉伯、新加坡、南非、塔吉克斯坦、坦桑尼亚、泰国、突尼斯、英国、乌拉圭、越南
1.2　中央银行外设委员会（30 个国家）	阿尔巴尼亚、奥地利、佛得角、中国、克罗地亚、丹麦、埃及、法国、德国、冰岛、印度、拉脱维亚、卢森堡、毛里求斯、墨西哥、蒙古国、摩洛哥、尼日利亚、巴基斯坦、菲律宾、波兰、罗马尼亚、沙特阿拉伯、塞尔维亚、斯洛文尼亚、坦桑尼亚、美国、乌拉圭、瓦努阿图、委内瑞拉玻利瓦尔
2. 除中央银行外的监管机构（22 个国家）	安哥拉、澳大利亚、奥地利、玻利维亚、博茨瓦纳、保加利亚、哥斯达黎加、克罗地亚、丹麦、芬兰、德国、洪都拉斯、冰岛、日本、韩国、拉脱维亚、黎巴嫩、墨西哥、尼日利亚、巴基斯坦、挪威、瑞士

注：（1）部分国家如巴西、阿富汗、伊朗等尚未明确宏观审慎政策的监管主体或未对此问题做出回答，因此表中未列出。（2）部分国家设立了多个宏观审慎政策监管主体，因此各主体类别之间有所重合。

资料来源：笔者根据 2017 年 IMF 成员国 GMPI 问卷调查结果整理。

附表 2　主要国际组织多边政策协调分工

IMF	协调目标	促进国际货币合作，保证全球货币体系的有效运行
	主要职责	a. 制定宏观审慎监管政策的制度框架和实施标准 b. 健全全球经济金融信息与数据库 c. 指导并监督各国宏观审慎监管政策的具体实践 d. 推动审慎政策的国际协调
	主要机制	a. 出台政策性文件①，为各国实施宏观审慎政策提供统一的制度基础 b. 根据消除数据差异倡议（Data Gaps Initiative，DGI），IMF 和 FSB 主导构建全球数据库；继续完善全球金融稳健性指标数据库 c. 与世界银行联合推出金融部门评估规划（FSAP），监测各国金融系统的稳健性；IMF 成员国需定期发布《金融部门评估计划——关于宏观审慎政策框架的技术说明》系列报告，披露审慎政策的实施情况，由 IMF 进行监督指导 d. IMF 建立磋商机制（Article IV Consultation）为成员国之间的政策协商提供制度依据。通过定期组织多边或区域性的高层领导人会议，促进各国进行政策协商对话

① 详细内容请参考 Macroprudential Policy Tools and Frameworks（Feb.，2011）；Macroprudential Policy—An Organizing Framework（Mar.，2011）；Staff Guidance Note on Macroprudential Policy - Detailed Guidance on Instruments（Jun.，2013）；Staff Guidance Note on Macroprudential Policy - Detailed Guidance on Instruments（Nov.，2014）等。

续表

FSB	协调目标	促进各国金融监管体系改革
	主要职责	作为协调主体，推动金融监管政策在国际范围内的实施
	主要机制	a. 信息交流与国际合作机制。FSB 脆弱性评估常设委员会（SCAV）对成员国家定期进行资料调查，密切监测各国金融系统的脆弱性；FSB 在银行、保险和证券监管等方面制定了完善的合作标准和信息交流标准①，要求成员国签订信息交流合作协议并严格执行相关标准、按时进行信息披露并接受国际组织审核②；FSB 实施“数据缺口与系统连接”项目，加强全球系统重要性金融机构的收据收集与共享；理事会致力于建立法人机构识别编码（LEI），以加强全球所有参与金融交易的机构的信息收集与管理 b. 监督成员国监管政策的实施。成员国需向 FSB 提交本国金融监管改革进展情况报告（Peer Review Reports），并接受 IMF、世界银行等国际组织和其他成员国对其政策实施情况的监督与评估，建立“以身作则”和“同侪压力”机制强化成员国的政策实施；FSB 通过构建实施监控协调框架（Coordination Framework for Implementation Monitoring，CFIM）确保成员国金融改革的一致性 c. FSB 针对不合作的国家或地区（Non－Cooperative Jurisdiction，NCJ）采取反制措施。鼓励非成员国以及非合作国家和地区参与金融监管政策改革，从而促进更大范围内各国对国际标准的遵守 d. 重点加强对 G－SIFIs 的监管，推动各国签订特定机构跨境合作协议（Co-Ags）。FSB 制定 G－SIFIs 的评估方法并定期公布名单，要求成员国针对 G－SIFIs 进行特殊监管；发布《金融机构有效处置的核心要素》，为母国和东道国就 G－SIFIs 的有效处置问题提供政策依据；发布《关于中央对手方处置和处置计划的指导》，以保证 CCP 的处置行动的国际一致性
G20	协调目标	推动国际经济合作以维护国际金融稳定、促进经济增长
	主要职责	为国际组织和主要经济体国家的交流与合作提供平台，以协商解决有关全球治理、经济金融发展的国际重大问题
	主要机制	a. 制定和实施稳健的国际监管标准，以提高金融系统的抗风险能力，维护金融机构和市场的稳定运行 b. 加强监管合作和信息共享机制。G20 每年举行两次 20 国集团会议，由主要发达国家和发展中国家的中央银行、财政部部长等高层领导人参加，IMF 和 BIS 等国际组织均列席峰会，共同讨论国际议题，制定并监督实施国际政策纲领，推动国际金融经济合作 c. 采取有力措施监测和报告各国实施金融体制改革的进展情况，及时识别和解决监管改革带来的挑战和重大意外后果

① 信息交流标准由 FSB、巴塞尔银行监管委员会、国际保险监督官协会和国际证券委员会共同协商确定。

② FSB 主要依据 IMF 和 World Bank 联合公布的《标准与准则实施报告》（*Report on the Observance of Standards and Codes*，ROSC）以及国际证券委员会（IOSCO）发布的《关于协商、合作和多边信息交流的谅解备忘录》（*Multilateral Memorandum of Understanding Concerning Consultation and Cooperation and the Exchange of Information*，MMoU）对成员国的遵守情况进行评估。

续表

BIS	协调目标	推动各国中央银行开展国际银行监管政策协调，以维护全球货币和金融稳定
	主要职责	a. 与 IMF、FSB 等国际组织合作，讨论并制定审慎政策的国际标准 b. 重点针对银行业监管政策制定国际准则，促进各国中央银行就银行监管问题进行交流协商 c. 监测并维护金融体系稳定运行
	主要机制	a. BIS 与国际组织、各国领导人定期进行政策对话，针对构建国际宏观审慎政策展开讨论 b. 巴塞尔银行监管委员会（BCBS）是推动银行业监管国际协调与合作的最重要平台。（1）BCBS 通过出台《巴塞尔协议》为各国银行监管提供统一的国际标准，2012 年，BCBS 启动了《巴塞尔协议Ⅲ》监管一致性评估项目，以促进成员国落实监管要求。（2）BCBS 成立了宏观审慎监管工作组（MPG），重点构建全球系统重要性金融机构的监管框架，防范系统性风险。（3）通过巴塞尔咨询小组、银行监管国际会议、金融稳定研究所等机制，委员会与成员国及非成员国保持政策对话，促进并监督国际银行监管政策有效实施。（4）通过出台《新协议跨境执行高级准则》，明确跨境银行监管职责分配标准，为跨境银行监管政策双边协调提供制度支持。（5）通过构建信息共享机制，为跨境银行监管、全球系统重要性银行监管等政策的协商与合作提供数据基础 c. 全球金融系统委员会（CGFS）由 BIS 成员国的中央银行行长构成，定期举行中央银行行长会议讨论金融系统稳定的相关议题，协调各方利益制定相关政策措施和标准，达成国际共识，并监督各成员国中央银行执行相关政策

资料来源：笔者整理。

参考文献

[1] 刘笑萍，郭红玉，黄晓薇，伍桂．银行业监管的国际协调机制研究［J］．会计研究，2011（3）：28－37.

[2] 李文泓．关于宏观审慎监管框架下逆周期政策的探讨［J］．金融研究，2009（7）：7－24.

[3] 马勇，陈雨露．宏观审慎监管：目标、工具与相关制度安排［J］．经济理论与经济管理，2012（3）：5－15.

[4] 马新斌．宏观审慎政策：危机以来的共识与分歧［J］．金融纵横，2017（6）：20－34.

[5] 马新斌．宏观审慎政策协调机制［J］．中国金融，2016（1）：1－2.

[6] 曼瑟尔·奥尔森．集体行动的逻辑［M］，陈郁等译．上海：上海人民出版社，1995.

[7] 斯蒂恩·克莱森斯等．宏观审慎监管政策——通向金融稳定的新道路［M］．北京：电子工业出版社，2013.

[8] 孙国峰，尹航，柴航．全局最优视角下的货币政策国际协调［J］．金融研究，2017（3）：54－71.

[9] 王国刚，胡滨．宏观审慎监管理论及实践研究［M］．北京：中国社会科学出版社，2013.

[10] 杨照东，王劲松．国际宏观经济政策协调理论研究综述［J］．经济学动态，2004（2）：72－76.

[11] 中国人民大学国际货币研究所．人民币国际化报告2018：结构变迁中的宏观政策国际协调［M］．北京：中国人民大学出版社，2018.

[12] Agur, Sharma, Rules. Discretion and Macroprudential Policy [R]. IMF Working Paper No. 65, 2013: 1－32.

[13] Akerlof, George, Olivier Blanchard, David Romer and Joseph Stiglitz. What Have We Learned?: Macroeconomic Policy After the Crisis [M]. Cambridge. MIT Press, 2014.

[14] Anil K Kashyap, Richard Berner, Charles A E Goodhart. The Macroprudential Toolkit [J]. IMF Economic Review, 2011 (No. 59): 145－161.

[15] Attila Csajbók and Júlia Király. Cross－Border Coordination of Macroprudential Policies [A] //Macroprudential Regulatory Policies, 2011: 65－87.

[16] BIS. Macroprudential Regulation and Policy. BIS Papers No. 60, 2011.

[17] Borio C, Acrockett. In Search of Anchors for Financial and Monetary Stability [J]. Greek Economic Review, 2000, 20 (2): 1－14.

[18] Borio C. Towards a Macroprudential Framework for Financial Supervision and Regulation? [R]. BIS Working Paper No. 128, 2003: 1 -26.

[19] Borio C. Rediscovering the macroeconomic roots of financial stability policy: Journey, challenges and a way forward [R]. BIS Working Paper No. 354, 2011: 1 -37.

[20] BSCS . High - level Principles for the Cross - border Implementation of the New Accord [R]. BSCS Reports, 2003.

[21] Cerutti, Eugenio and Claessens Stijn and Laeven Luc. The Use and Effectiveness of Macroprudential Policies [R]. IMF Working Paper No. 61, 2015: 1 -43.

[22] CGFS. Macroprudential Instruments and Frameworks: A Stocktaking of Issues and Experiences [R]. CGFS Papers No. 38, 2010: 1 -37.

[23] CGFS. Macroprudential Instruments and Frameworks: A Stocktaking of Issues and Experiences [R]. *CGFS Papers* No. 33, 2009.

[24] Cooper Richard N. Macroeconomic Policy Adjustment in Interdependent Economics [J]. The Quarterly Journal of Economics, 1969, 83 (1): 1 -24.

[25] FSA. The Turner Review: A regulatory response to the global banking crisis [R]. FSA Report, 2009: 1 -126.

[26] FSB. Global Adherence to Regulatory and Supervisory Standards on International Cooperation and Information Exchange [R]. FSB Reports, 2014.

[27] FSB. Promoting Global Adherence to International Cooperation and Information Exchange Standard [R]. FSB Reports, 2010.

[28] Gabriele Galati, Richhild Moessne. Macroprudential Policy - A Literature Review [R]. BIS Working Paper No. 337, 2011: 1 -40.

[29] Goodhart, C. How should we regulate the financial sector [R]. In the Future of Finance: The LSE Report, 2010.

[30] IMF - FSB - BIS. Guidance to Assess the Systemic Importance of Financial Institutions, Instruments and Markets: Initial Considerations [R]. IMF - FSB - BIS Reports, 2009.

[31] IMF. Implementing Macroprudential Policy—Selected Legal Issues [R]. IMF Reports, 2013.

[32] FSB. Intensity and Effectiveness of SIFI Supervision Progress Report on Implementing the Recommendations on Enhanced Supervision [R]. FSB Reports, 2011.

[33] IMF - BIS - FSB. Macroprudential Policy Tools and Frameworks [R]. IMF - BIS - FSB Reports, 2011.

[34] IMF - BIS - FSB. Elements of Effective Macroprudential Policies: Lessons from

International Experience [R]. IMF – BIS – FSB Reports, 2016.
[35] IMF. Macroprudential Policy: An Organizing Framework [R]. IMF Policy Paper, 2011.
[36] IMF. Staff guidance note on macroprudential policy—detailed guidance on instruments [R]. IMF Policy Papers, 2014.
[37] Landau and Jean – Pierre. Bubbles and Macro – prudential Supervision [R]. Remarks at the joint conference on " The Future of Financial Regulation", 2009.
[38] MA Petersen and RG Rajan. The Effect of Credit Market Competition on Lending Relationships [J]. Quarterly Journal of Economics, 1995 (110): 407 – 443.
[39] Samuel G. Hanson, Anil K Kashyap and Jeremy C. Stein. A Macroprudential Approach to Financial Regulation [J]. The Journal of Economic Prespectives, 2011 (25): 3 – 28.
[40] Schoenmaker, D. and Wierts, P. Macroprudential Policy: The Need for a Coherent Policy Framework [R]. DSF Policy Paper No. 13, 2011.
[41] Suh H. Macroprudential Policy: Its Effects and Relationship to Monetary Policy [R]. *FRBP* Working Paper, 2012.
[42] Viral V. Acharya. A Theory of Systemic Risk and Design of Prudential Bank Regulation [J]. Journal of Financial Stability, 2009 (5): 224 – 255.
[43] White W. Procyclicality in the Financial System: Do We Need a New Macrofinancial Stabilisation Framework? [R]. BIS Working Papers No. 193, 2006: 1 – 25.
[44] Woolford I. Macro – financial Stability and Macroprudential Analysis [J]. Reserve Bank of New Zealand Bulletin, 2001 (64).
[45] YS Chan, SI Greenbaum, AV Thakor. Information reusability, Competition and Bank Asset Quality [J]. Journal of Banking and Finance, 2004 (10): 243 – 253.

International Coordination of Macro – prudential Policy: Theory and Practice

Song Ke　Shao Mengzhu

Abstract: The outbreak of the financial crisis in 2008 has shown the limitation of current financial regulatory system. More countries have incorporated macro – prudential policies into the financial regulatory framework to maintain the stability of the financial system after crisis. With the rapid development of financial integration process, it is urgent for countries to build international coordination in regulatory policies to avoid the leakage and spillovers effects and regulatory arbitrage. Under the leadership of international organizations, such as IMF, FSB, and BIS, countries have reached a basic consensus on building international coordination mechanism for macro – prudential policies. In this process, China actively carried out financial regulatory reform and played a big role in international coordination and cooperation. The paper targets on the necessity of macro – prudential policy coordination, the collocation of macro – prudential policy with other macroeconomic policies and the content of international cooperation in macro – prudential policy, also puts forward some preliminary suggestions for regulatory authorities.

Key Words: Macro – prudential Policy, International Coordination, Financial Stability

人民币汇率波动对中国金融安全的影响研究

——基于汇率市场化改革视角

俞洁芳[①] 王艺林[②] 周润凯[③]

摘 要 本文运用专家统计法，选取24个指标构造中国金融安全的评估框架，并采用主成分分析法测算2005年第三季度至2018年第二季度的中国金融安全指数。依据人民币汇率市场化改革的进程，本文将样本区间分为“改革缓慢期”和“改革加速期”，并以实证方法比较两阶段人民币汇率波动对中国金融安全的影响。研究结果显示，在改革初期，人民币汇率波动对中国金融安全的扰动十分剧烈；其后人民币汇率的市场化程度进一步加强，汇率的“缓冲器”功能和金融系统的自动调节功能有所加强，其对中国金融安全的影响有所弱化。

关键词 汇率市场化 汇率波动 金融安全

1. 引 言

近年来，全球经济金融一体化程度不断加深，同时经济风险的异国传染更易发生。在这一背景下，金融安全逐渐成为关注重点。金融安全的概念衍生于日本《国家综合安全报告》中的“经济安全”一词，与货币、信用、外部冲击、金融风险等相关（王元龙，1998；顾海和夏梦，2011；梁永礼，2018）。从金融安全的评估方法来看，Jackson（2010）认为国际投资变量为金融安全的决定因素，因此在传统的金融危机预测模型中引入这一变量。Qin 和 Hu（2012）也提出了金融安全的评估框架，并对中美两国的金融安全做出定量预测和评价。针对我国的实际情况，金融安全的影响因素十分广泛，往往包括宏观经济、金融市场、金融机构和市场预期等层面的变量（陈松林，2002；顾海兵等，2012；杨旸等，2015），学界由此搭建金融安全的衡量方法和预警模型。

作为国际因素作用于金融体系的关键变量，汇率波动能影响金融体系的各个方面，从而对金融安全造成影响。一是对宏观经济造成影响。Janus 和 Riera－Crichton（2015）以 OECD 国家为研究样本，发现汇率波动与 GDP 增长相关，

① 俞洁芳，浙江大学经济学院副教授。
② 王艺林，就职于中国人民银行杭州中心支行，E－mail：wangyilinlyn@ outlook. com。
③ 周润凯，雪城大学文理学院学生。

且汇率的小幅贬值能促进经济增长。Dai. Delpachitra 和 Cottrell（2017）认为汇率波动对经济增长的影响取决于金融一体化程度，一国金融业发展水平越高，经济增长受汇率波动的扰动越强。二是对金融市场造成影响。Moore 和 Wang（2014）研究了发达国家和新兴市场国家，发现实际汇率与股票收益率间存在联动关系。李成等（2010）认为我国汇率市场与债券市场存在显著的双向波动溢出效应。三是对金融机构造成影响。Dash 和 Pathak（2016）详细探讨了商业银行的风险管理方法，提出汇率波动能影响商业银行资金的流动性和盈利性。吴鼎国（2017）认为包括金融机构在内的企业均受汇率波动影响，且净有效汇率的提升将使企业利润下降。四是对市场预期造成影响。李竹薇等（2017）以外部冲击为出发点进行研究，结论显示人民币汇率波动将引起投资者情绪的变化。曹啸等（2018）也认为以汇率波动为代表的外部冲击将影响投资者预期，具体表现为投资者保护效应。

与此同时，人民币汇率市场化改革正处于不断推进中。2005 年，人民币由盯住美元的汇率制度转为有管理的浮动汇率制度；2008 年，我国为应对金融危机的全球化蔓延再度控制人民币对美元汇率的波动幅度；2010 年，我国重启汇率改革并将其恢复为有管理的浮动汇率制；2015 年，我国实施了“8·11 汇改”，此次改革后做市商参考收盘汇率向我国外汇交易中心提供中间价报价；2017 年，“收盘汇率 + 一篮子货币汇率变化 + 逆周期因子”的美元兑人民币汇率中间价形成机制正式建立，人民币汇率更加真实、有效地体现了市场供求关系。在汇率市场化改革进程中，人民币汇率的波动幅度有所加大，其对我国金融体系的安全性也可能造成扰动。同时，伴随着汇率定价机制的完善，人民币汇率对外部冲击的缓冲功能增强，更为健全的金融系统也能快速平抑扰动，此时人民币汇率波动对中国金融安全的影响便更为模糊和复杂。因此，明确这一进程中人民币汇率波动与中国金融安全的动态关系成为亟待解决的问题，这对防范汇率波动带来的系统性风险、制定宏观审慎政策及维护金融体系安全均具有十分重要的意义。

本文以汇率市场化改革为视角探究人民币汇率波动与中国金融安全的关系。首先，本文在现有研究的基础上厘清相关的理论机制，明确人民币汇率波动对中国金融安全影响的传导途径；其次，本文以专家统计法和主成分分析法计算中国金融安全指数，并以实证方法分析人民币汇率波动对中国金融安全的影响，探究汇率市场化改革各阶段下此种影响的不同特点。最后，在研究结论的基础上，本文提出了汇率制度安排和金融安全维护的相关政策建议。

2. 人民币汇率波动影响中国金融安全的传导途径分析

作为一国货币的国际价值，汇率与诸多金融变量息息相关，其波动能对金融体系的安全性造成冲击。结合我国金融体系的制度特性，本文在借鉴国内外学者观点的基础上总结出人民币汇率波动影响中国金融安全的传导途径（见图1）。

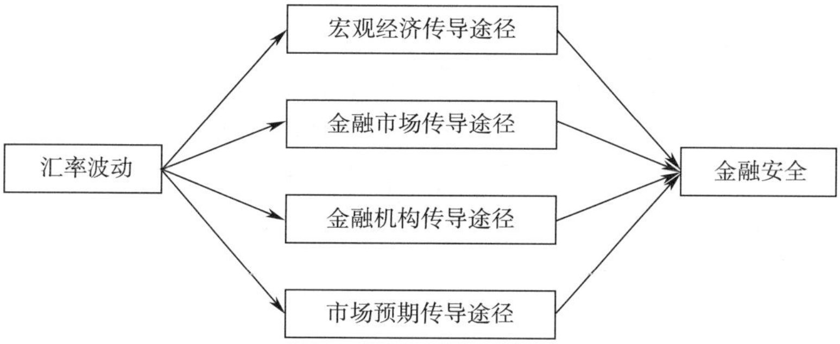

图1　人民币汇率波动影响中国金融安全的传导途径

2.1　宏观经济传导途径

宏观经济是金融体系的发展环境，其变化与金融安全相关。我国经济规模庞大、结构繁杂，宏观经济涉及范围广泛，本文仅以经济增长、货币供应量和通货膨胀率为例进行说明。

汇率波动对经济增长的影响主要通过经常项目和资本项目实现，弹性论、国际收支调节理论和相对财富假说、相对成本论等传统理论对此做出了详尽解释。一般而言，汇率波动能引起贸易产品的价格和需求数量变化，从而使贸易出口发生变化，"马歇尔—勒纳条件"或其修正版本在我国成立①；同时，汇率波动能引起劳动、设备、土地等要素的外币价值变化，从而使我国外商直接投资发生变化。长久以来，贸易出口是拉动我国经济的"三驾马车"之一，而外商直接投资是带动我国生产力增长的重要引擎。二者还能通过乘数倍增效应扩大对经济的影响，并通过规模经济、资源节约和技术传播促进产业结构升级。在经济增速的频繁波动下，金融体系的服务对象丧失了稳定性，金融体系运行的安全性也随之失去保障。

汇率波动还能对货币供应量产生影响。一方面，汇率波动能作用于经常账户，使外汇的流入流出发生变动，这往往意味着外汇占款和市场流动性的变化；另一方面，在货币选择效应下，汇率的正向波动将使货币贬值压力进一步加剧，资本加速从本国流出，同样影响外汇储备和市场融资环境。为应对这一变化，央行通常会调节基础货币的投放量进行冲销，在货币乘数作用下，基础货币又发生成倍扩张或收缩。当货币供应量发生变化时，其与相关信用关系的变化将传导至金融体系的各个角落，汇率波动由此对金融安全产生广泛而深远的影响。

① 参考刘尧成等（2010）、陆前进和李治国（2013）、杨丽莹（2019）等学者的观点。

在对通货膨胀率的影响上，对消费产品而言，汇率波动能直接改变进口产品价格；对工业产品而言，汇率波动能使生产要素成本发生变化，企业随之改变出厂产品价格。同时，汇率波动能对货币供应量产生影响，而费雪方程 $MV = PQ$ 反映了其与价格水平的相互联系，由于实体经济与虚拟经济间的非对称性仍然存在，加上房地产市场及地方政府债务等因素的影响，货币数量论在我国的实际作用仍具有不确定性①。但随着金融体系结构的逐步优化，货币供给的增加或将造成潜在的通货膨胀压力。物价水平的大幅变化往往引起金融体系成本的上升和资源的浪费，甚至导致货币体系的紊乱，从而使金融体系运转失灵，其安全性也无法维系。

2.2 金融市场传导途径

汇率波动与金融市场的运行状况密切相关。首先，进出口导向性企业的成本和利润与汇率相关，汇率波动时企业现金流将发生变化，其股票、债券价格也将发生变化。其次，汇率波动还能通过跨境资本流动、外汇占款等影响金融市场流动性，而流动性的充裕与短缺往往带来利率的下降与上升，消费者对各类证券的偏好也将发生改变。由此，股票市场、债券市场价格发生波动。当汇率波动对金融市场产生冲击时，金融体系的运行机制将受到影响，金融安全性水平便随之发生变化。同时，较之部分发达国家更为成熟和健全的运行体系，我国金融市场起步稍晚，其发展仍面临着运行机制不规范、基础设施不完备、体系建设不成熟等障碍，这使其更易受外部因素的冲击，从而对我国金融安全产生影响。

除股票市场、债券市场外，房地产市场虽不属于金融范畴，但其与我国的经济周期紧密相关，对金融系统也有着举足轻重的影响。与股票市场、债券市场相似，汇率波动也能使房地产市场的流动性发生变化，并最终导致房地产市场价格波动。此外，我国房地产市场在近年实现了高发展速度和高投资收益，大量外商直接投资涌入并给予资金支持，而与资本实际购买力直接相关的汇率对该市场的影响力也随之提升。

2.3 金融机构传导途径

汇率波动对金融机构的影响主要体现在资产和盈利状况上。一方面，金融机构拥有诸多从事国际贸易的客户，当汇率频繁波动时，此类客户外贸业务的财务风险、经营风险和结算风险均有扩大，这将导致金融机构的外汇不良贷款上升甚至造成坏账损失，从而影响其资产质量和盈利能力；另一方面，汇率波

① 参考马方方和高明宇（2018）、陈彦斌等（2015）、赵留彦等（2013）学者的观点。

动时境内外投资者的偏好发生变化，这将影响金融机构国际投资、境外贷款等涉外业务的开展，同样将导致金融机构的资产和盈利状况发生变化。

不仅如此，在进行会计报表处理时，金融机构需将外币折算为人民币进行计量。在资产负债表中，金融机构因期限错配、货币错配而持有的外汇净头寸便面临会计风险，一般汇率的正向波动将导致资产缩水；在利润表中，外汇业务的营业收入、费用等会计科目也需换算为人民币，其账面价值也随着汇率的波动而变化，盈利状况便受到影响。而金融机构是金融体系的参与主体，为其运行提供保证。由此，汇率波动能传导至金融体系的微观个体，从而能通过微观组成影响金融安全。

2.4 市场预期传导途径

金融体系由无数消费者和企业投资者构成，因而决定各个体行为、决策的预期因素便对金融安全至关重要。反射理论认为，消费者和企业投资者一般会与金融系统互动，根据所获信息和认知形成判断，并付诸行动，从而改变市场走向或强化原有趋势。针对新变化，消费者和企业投资者再次更新预期，形成“自我实现→自我增强→自我实现”的正反馈循环。一般而言，当人民币汇率稳定且具升值潜力时，消费者和企业投资者对未来市场充满信心，这将驱使其加大消费和投资力度。在理性、适度的消费、投资作用下，经济金融健康发展，这将引导投资者继续形成良好预期，从而对金融安全产生正向作用。

3. 中国金融安全指数的测算

3.1 评估指标的选取

由前文的传导机制分析可知，人民币汇率波动对中国金融安全的影响主要通过宏观经济传导途径、金融市场传导途径、金融机构传导途径和市场预期传导途径实现。其中宏观经济传导途径涉及经济增长、货币供应量、通货膨胀等指标；金融市场传导途径与股票市场、债券市场和房地产市场价格波动相关；金融机构传导途径涉及金融机构的资产和盈利状况；市场预期传导途径涉及消费者和企业投资者预期。据此，本文从宏观经济、金融市场、金融机构和市场预期层面构建中国金融安全的衡量框架。

在具体指标的选择上，本文运用专家统计法对2001—2018年提出的25套指标体系进行研究，并统计出引用频次最高的指标。在此基础上，本文依据数据的可得性、时效性和统计口径一致性筛选指标，最终确定中国金融安全的评估指标（见表1）。

表1　中国金融安全的评估指标①

评价标准		指标
金融宏观安全子系统	国内宏观安全	经济增长率
		通货膨胀率
		赤字率
		货币供应量增长率
		固定资产投资增长率
		失业率
	国际宏观安全	经常账户差额/GDP
		外债负债率
		短期外债/外债总额
		短期外债/国际储备额
金融市场安全子系统	股票市场安全	股票市价总值/GDP
		股票价格波动率
	债券市场安全	债券市价总值/GDP
		债券价格波动率
	房地产市场安全	房地产开发投资/全社会固定资产总额
		房价波动率
金融机构安全子系统	银行机构安全	银行机构不良贷款占比
		银行机构资产增长率
	保险机构安全	保险机构综合赔付率
		保险机构资产增长率
	证券机构安全	证券机构资产收益率
		证券机构资产增长率
金融预期安全子系统	消费者预期安全	消费者信心指数
	企业预期安全	企业家信心指数

3.2　中国金融安全指数的构建——基于主成分分析法

3.2.1　变量说明和数据选取

本文以各变量的季度数据作为研究对象，样本区间为2005年第三季度至

① 部分数据缺失，以平均增长率做合理估算。

2018 年第二季度。本文首先将赤字率、短期外债与外汇储备之比、外债负债率等 8 个逆向指标正向化，因各适度指标处于正常范围内，本文不对其做处理；其次进行标准化处理，消费者、企业家信心指数的量纲明显异于其余指标，因此本文以 Z－score 方法将数据转化为均值为 0、方差为 1 的标准数据。

3.2.2 主成分提取

本文对上述评估指标进行主成分分析从而测算中国金融安全指数，所运用的软件为 SPSS20.0。

由主成分提取结果可知（见表 2），前 6 个主成分可解释原指标信息的 82.554%，对衡量框架的代表性较高，实现了主成分分析法的降维作用。

表 2 方差解释输出情况

成分	初始特征值			提取平方和载入		
	合计	方差的 %	累计 %	合计	方差的 %	累计 %
1	7.474	31.143	31.143	7.474	31.143	31.143
2	4.560	19.001	50.145	4.560	19.001	50.145
3	2.705	11.271	61.416	2.705	11.271	61.416
4	2.101	8.754	70.170	2.101	8.754	70.170
5	1.798	7.491	77.661	1.798	7.491	77.661
6	1.174	4.893	82.554	1.174	4.893	82.554
7	0.818	3.408	85.962			
8	0.670	2.791	88.754			
9	0.608	2.534	91.288			
10	0.494	2.059	93.347			
11	0.433	1.803	95.149			
12	0.301	1.253	96.402			
13	0.241	1.004	97.406			
14	0.213	0.888	98.294			
15	0.137	0.570	98.863			
16	0.107	0.446	99.309			
17	0.073	0.306	99.615			
18	0.036	0.149	99.764			
19	0.030	0.126	99.890			
20	0.020	0.082	99.972			
21	0.007	0.028	100.000			
22	0.000	0.000	100.000			
23	0.000	0.000	100.000			
24	0.000	0.000	100.000			

3.2.3 主成分得分

将预处理后的原指标线性加总便可得到主成分得分。本文将6个主成分的得分进行加权求和得出中国金融安全指数，权重即为主成分方差贡献率。具体得分公式如下：

$$CFSI = 0.311 \times F1 + 0.190 \times F2 + 0.113 \times F3 + 0.088 \times F4 + 0.075 \times F5 + 0.049 \times F6 \quad (1)$$

3.3 评估结果的获得

图2展示了2005年第三季度至2018年第二季度间我国金融安全指数的变化趋势，主要可分为以下四阶段：

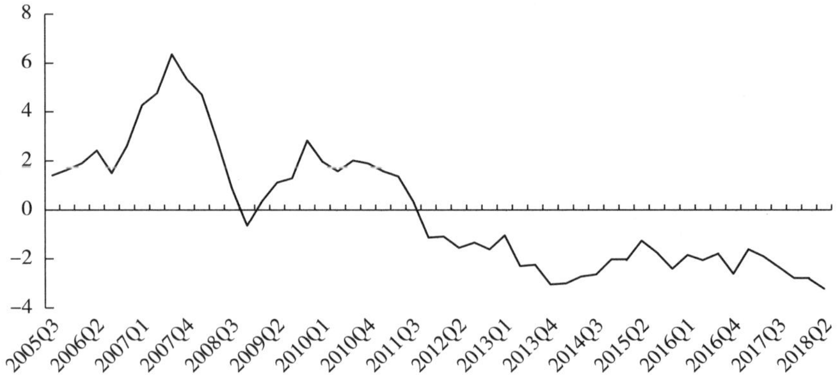

图2　2005Q3—2018Q2 中国金融安全指数走势

第一阶段（2005年第三季度至2007年第三季度）：指数总体上升，此期间金融安全水平较高。一方面，我国经济水平实现飞跃式发展，GDP增速稳定在10%～15%的高位；另一方面，金融市场发展规模、质量齐升，其中债券市场价格逐年上升，交易活跃度较高。股票市场更是自2006年起进入牛市行情，一路涨至历史最高点。

第二阶段（2007年第四季度至2008年第四季度）：指数大幅下跌，此期间金融安全水平恶化。因国际金融危机的蔓延，我国出口环境不佳，2008年进出口同比降低5.7%。债券市场、股票市场波动剧烈，商业银行资产质量也有所下降。

第三阶段（2009年第一季度至2010年第三季度）：指数小幅回升，此期间金融安全水平回暖。2009年金融危机阴云散去，我国采用积极的财政政策和适度宽松的货币政策加以应对，出口状况改善，企业家、消费者预期向好。

第四阶段（2010 年第四季度至 2018 年第二季度）：指数在波动曲折中有所下降，此期间金融安全水平较低。具体来看，“新常态”下我国 GDP 增速转为中高速，同时，商业银行理财产品、信托产品、小额信贷、互联网金融等影子银行业务积聚金融市场风险，商业银行盈利能力总体降低，债券市场波动剧烈，股票市场更是于 2015 年出现暴跌。

4. 汇率波动影响金融安全的实证分析

4.1 变量说明和数据选取

本文实证研究所采用的中国金融安全指数来自前文计算。在人民币汇率波动的计量上，本文选取美元兑人民币实际汇率（Real Effective Exchange Rate）测算波动率。基于中美贸易关系和美元的外汇储备地位，该指标对人民币汇率水平具有较好的代表性；实际汇率则剔除了通货膨胀因素，充分展现了人民币的真实价值。在波动率的测算方法上，本文参考陈云和何秀红（2008）、Hsu 和 Chiang（2011）等学者的做法，采用移动平均偏差法进行计算，具体算式如式（2）所示。其中，V_t 为 t 时期的汇率波动率，$\ln E_t$ 为 t 时期的汇率对数值，n 为移动平均阶数。由于 2005 年汇改前人民币汇率与市场供需状况的相关度不足，本文承袭多数学者的研究，将两变量的样本区间设定在 2005 年第三季度至 2018 年第二季度。

$$V_t = \sqrt{\frac{1}{n}\sum_{k=1}^{n}(\ln E_{t-k} - \ln E_{t-k-1})^2} \tag{2}$$

基于人民币汇率市场化改革的历程，本文对样本区间进行分段。自 2005 年后，汇率市场化改革进程相对迟缓，并于 2008 年陷入停滞，人民币汇率尚且无法根据市场状况做灵活变动，市场化程度较低；自 2010 年改革重启后定价机制不断完善，人民币汇率弹性不断扩大，市场化程度相对较高。因此，本文将样本区间分为“改革缓慢期”（2005 年第三季度至 2010 年第二季度）和“改革加速期”（2010 年第三季度至 2018 年第二季度）。

接下来，本文比较改革缓慢期与改革加速期下人民币汇率波动对中国金融安全的影响，以反映人民币汇率波动与中国金融安全的关系。本文所采用的实证分析变量如表 3 所示，所运用的软件为 Eviews8. 0。

表 3　实证分析变量

阶段	研究变量	字符表示
改革缓慢期（2005 年第三季度至 2010 年第二季度）	人民币汇率波动	RERV（RMB Exchange Rate Volatility）
	中国金融安全指数	CFSI（China Financial Security Index）
改革加速期（2010 年第三季度至 2018 年第二季度）	人民币汇率波动	RERV（RMB Exchange Rate Volatility）
	中国金融安全指数	CFSI（China Financial Security Index）

4.2　平稳性检验与协整检验

本文以 ADF 单位根检验判断序列的平稳性（见表 4）。在 10% 的显著性水平下，改革缓慢期的人民币汇率波动为一阶单整；其余变量也为一阶平稳序列，且通过 1% 的显著性水平。

表 4　ADF 检验结果

阶段	变量	检验类型（C，T，L）	ADF 值	p 值	结论
汇改缓慢期	RERV	（C，0，1）	-2.735	0.089	一阶单整
	CFSI	（C，0，1）	-5.249	0.001	一阶单整
汇改加速期	RERV	（C，0，1）	-13.322	0.000	一阶单整
	CFSI	（C，0，1）	-6.500	0.000	一阶单整

注：检验类型（C，T，L）中 C 为截距项，T 为常数项，L 为滞后项。

本文以 Johansen 协整检验判断序列间的均衡关系（见表 5），改革缓慢期和改革加速期下，人民币汇率波动和中国金融安全指数均具有协整关系，且分别通过 5% 和 1% 的显著性水平，各阶段两变量存在稳定的均衡关系。

表 5　Johansen 协整检验结果

阶段	最大协整向量个数的零假设	特征值	迹统计量	p 值	结论
汇改缓慢期	0	0.597	19.315	0.013	5% 显著水平下协整
	1	0.152	2.969	0.085	
汇改加速期	0	0.540	27.912	0.000	1% 显著水平下协整
	1	0.092	3.086	0.079	

4.3　格兰杰因果分析

本文以格兰杰因果分析检验序列间的相互关联（见表6），结果显示不同阶段下两变量的相关关系有所不同。在改革缓慢期，人民币汇率波动是中国金融安全指数的格兰杰原因（通过10%的显著性水平）；而在改革加速期，两者间不存在格兰杰因果关系。

表6　格兰杰分析结果

阶段	原假设	F统计量	p值	结论
改革缓慢期	RERV不是CFSI的格兰杰原因	3.641	0.076	10%的显著水平下RERV和CFSI互为格兰杰原因
	CFSI不是RERV的格兰杰原因	5.266	0.037	
改革加速期	RERV不是CFSI的格兰杰原因	0.432	0.516	RERV不是CFSI的格兰杰原因
	CFSI不是RERV的格兰杰原因	0.317	0.578	

4.4　脉冲响应分析

根据格兰杰因果检验的结果，接下来仅对改革缓慢期进行脉冲响应分析，以揭示此阶段中国金融安全指数受人民币汇率波动扰动的方向和大小。AR根图如图3所示，全部根的倒数值都在单位圆内，系统稳定，可进行下一步分析。

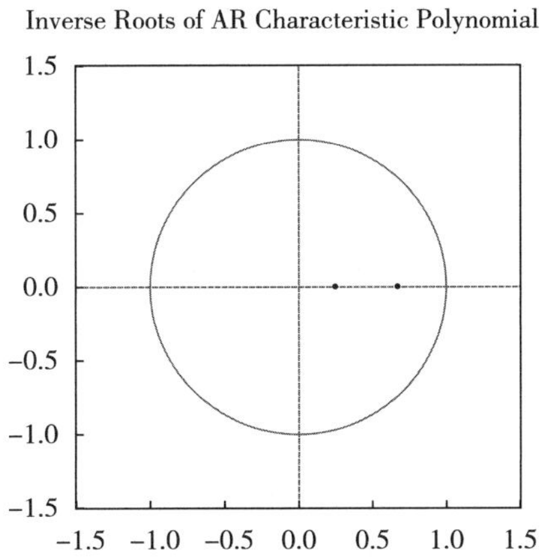

图3　AR根图

图4为脉冲响应分析的结果，由图可知人民币的一个标准正向冲击将导致中国金融安全指数迅速下滑，并在第2期降至最低点－0.47；随后扰动逐步减

弱，在第20期左右降至0。

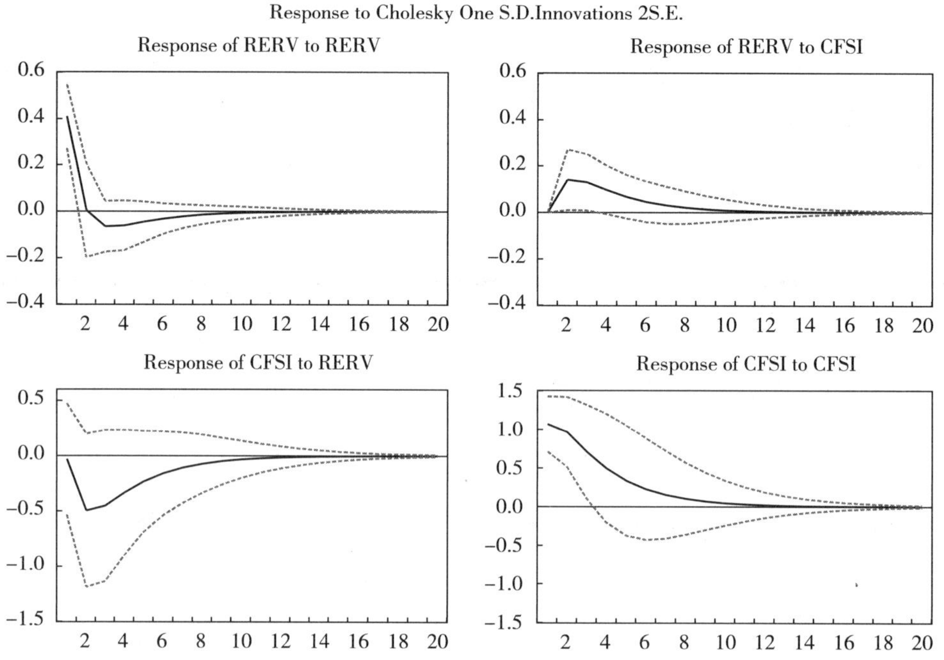

图4　脉冲响应结果

由上述实证结果可知，在改革缓慢期，人民币汇率波动是中国金融安全水平变动的原因，该结果与理论机制相符。人民币汇率与国际收支、跨境资本流动、汇率风险和投资者信心等息息相关，从而经由宏观经济、金融市场、金融机构和市场预期渠道传导至金融安全；同时，随着汇率市场化改革的稳步推进和金融基础设施的日益完善，外汇市场与各金融子市场间的联系愈加紧密，汇率变动波及金融安全是发展的必然结果。

从冲击的方向来看，人民币汇率波动的正向冲击将给中国金融安全指数带来负向扰动。一方面，2005年汇率制度正式由固定制调整为浮动制，人民币汇率开始具备市场化属性，其将外汇市场信息传导至整个金融系统，从而影响金融安全；另一方面，该阶段人民币以升值为主，2008年其再度盯住美元，汇率的双向波动幅度十分有限。在此阶段，我国市场经济体制也不完善，市场资源配置功能有待深化，不论是利率的市场化改革问题、资本市场的结构问题、银行业的转型问题还是创新型金融业态的监管问题都亟待进一步解决。在尚不成熟的发展阶段下，金融系统对汇率波动的平抑能力不强，致使其负面冲击十分剧烈。此外，2008年国际金融危机爆发，各国货币政策的频繁变化也导致汇率波动和其对金融安全的较大影响。

在改革加速期，人民币汇率波动不是中国金融安全水平变动的原因。二者关系的此种变化主要由以下原因导致：首先，此阶段人民币汇率市场化程度较高，人民币汇率能够精准、快速地反映外汇市场供求，这能避免汇率错误定价所导致的不必要波动，同时能以其高效调节缓解国际因素的扰动，成为应对外部冲击的“缓冲器”。其次，随着汇率改革的推进，金融系统也逐步发展到更为成熟的阶段。其中金融工具更具丰富性，金融机构更具风险管理意识，金融系统对汇率波动的管理更为有效。此时，发展水平较高的金融系统本身便具备自动调节功能，能较好地平抑汇率波动带来的冲击。最后，2010 年后美国连续推出两轮量化宽松，国际资本大量涌入包括我国在内的“金砖国家”，持续的净资本流入导致汇率调节作用的重要性有所下降。

5. 研究结论与政策建议

5.1 研究结论

在前人研究的基础上，本文探究了人民币汇率波动对中国金融安全的传导机制。在理论研究的基础上，本文选取 2005 年第三季度至 2018 年第二季度的样本数据测算中国金融安全指数。依据汇率市场化改革的进程，本文以实证方法研究人民币汇率波动对中国金融安全的影响。本文得到的主要结论如下：

（1）汇率波动影响金融安全的传导途径较为多样，包括宏观经济传导途径、金融市场传导途径、金融机构传导途径和市场预期传导途径。

（2）我国金融安全的总体趋势可分为四个阶段：2005 年第三季度至 2007 年第三季度，金融安全水平较高；2007 年第四季度至 2008 年第四季度，金融安全水平大幅下降；2009 年第一季度至 2010 年第三季度，金融安全水平小幅上升；2010 年第四季度至 2018 年第二季度，金融安全水平总体较低。

（3）在汇率市场化改革的不同阶段，人民币汇率波动对中国金融安全的影响有所不同：在改革初期，人民币汇率开始具备信息传递功能，其频繁波动能迅速而强烈地影响金融体系稳定性；但随着改革的不断进行，人民币汇率的市场化程度有所提高，其形成机制与金融体系均更为成熟，在此阶段人民币汇率对中国金融安全的影响逐步减弱。

5.2 政策建议

根据上述研究结论，本文提出以下政策建议：

（1）持续推进汇率市场化改革，增强人民币汇率弹性。一方面，当前中国金融业加速接轨世界，这对汇率制度的变革提出要求。灵活、准确的汇率定价机制能为金融业国际化提供保障，而缺乏弹性的汇率制度则削弱了货币政策的独立性、降低了经济调节的有效性，反过来阻碍金融开放的推进；另一方面，人民币汇率波动对中国金融安全的负面作用不过是改革伊始的短期阵痛，随着汇率市场化程度的不断加深，其与金融体系平抑、消化冲击的能力便逐步增强，人民币汇率波动对中国金融安全的负面影响也将随之缓和。

（2）提升经济发展实力，加强宏观审慎管理。要减弱人民币汇率波动对中国金融安全造成的负面影响，首要条件是促进经济可持续发展，以良好的经济环境为金融运行提供支撑。为此，我国应继续做好经济工作，推动高质量发展。目前，我国经济运行的主要矛盾仍是供给侧结构性的，应继续推进供给侧结构性改革；同时，对外开放是不可改变的发展趋势，我国应适应新形势、把握新特点，继续推进“一带一路”倡议，通过参与全球要素的优化配置提升发展水平。此外，我国应继续防范经济金融风险，继续优化宏观审慎政策框架和政策工具，加强系统性风险监测评估，积极处理产能过剩、房地产泡沫、政府和企业债务等潜在隐患，着力守住金融安全的红线。

（3）完善金融市场基础设施，关注投资者教育。完善的金融市场基础设施能够抵御外部冲击，缓冲人民币汇率波动对其产生的影响。我国应继续发挥法律体系对金融基础设施的支撑作用，建立起清晰、细致的治理安排，同时加强其自律监管作用，并积极推进国内金融市场基础设施与国外接轨，使其成为支撑金融市场运作的坚实力量。同时，我国应逐步建立投资者教育的运行体系和监督体系。一方面，要引导、培养投资者形成正确的投资理念，帮助其从冲动转向理性；另一方面，要做好投资者沟通和预期管理，防范“羊群效应”带来的顺周期风险，维护金融市场平稳运行。

（4）强化金融机构风险意识，健全风险管理机制。金融机构的经营状况往往与外汇直接相关，汇率波动对其的影响最为直接和强烈，因此其对外汇风险的治理十分重要。我国金融机构应不断提高风险管理意识，从主观上形成汇率风险管理的企业文化，客观上健全产权制度、监管制度和激励约束制度，从而着力提高自身的汇率风险管控能力，最终摆脱人民币汇率波动对其经营效益的制约并实现自身的稳健经营。

参考文献

［1］曹啸，孙天琦，计小青，伍银．信任、外部冲击与投资者保护效应的非对称性：中国的经验证据［J］．当代经济科学，2018，40（3）：13－24＋124．

［2］陈安．人民币汇率制度改革对经济的影响研究［D］．西安：西安交通大学，2012．

［3］陈松林．我国金融安全联动效应动态分析及其控制途径［J］．海南金融，

2002 (8): 4 - 8.
[4] 陈彦斌，郭豫媚，陈伟泽. 2008 年金融危机后中国货币数量论失效研究 [J]. 经济研究, 2015, 50 (4): 21 - 35.
[5] 顾海兵，夏梦. 基于国家经济安全的金融安全指标的选取研究 [J]. 国家行政学院学报, 2011 (5): 52 - 56.
[6] 黄珊. 人民币汇率波动与商业银行风险承担的实证研究 [J]. 宏观经济研究，2016 (11): 72 - 83 + 121
[7] 李成，马文涛，王彬. 我国金融市场间溢出效应研究——基于四元 VAR - GARCH (1, 1) - BEKK 模型的分析 [J]. 数量经济技术经济研究，2010, 27 (6): 3 - 19.
[8] 李竹薇，康晨阳，毛显昕. 外部冲击对我国投资者情绪的影响分析 [J]. 大连理工大学学报（社会科学版），2017, 38 (2): 71 - 76.
[9] 梁永礼. 我国金融系统安全评价与风险预警研究 [D]. 北京：北京交通大学, 2018.
[10] 梁勇. 开放的难题：发展中国家的金融安全 [M]. 北京：高等教育出版社, 1999.
[11] 刘尧成，周继忠，徐晓萍. 人民币汇率变动对我国贸易差额的动态影响 [J]. 经济研究, 2010, 45 (5): 32 - 40.
[12] 陆前进，李治国. 人民币实际有效汇率的分解和马歇尔——勒纳条件的修正 [J]. 数量经济技术经济研究, 2013, 30 (4): 3 - 18.
[13] 马方方，高明宇. 中国超额货币供给现象研究——基于修正的交易方程式的实证分析 [J]. 武汉金融, 2018 (8): 18 - 23.
[14] 王道平，范小云，陈雷. 可置信政策、汇率制度与货币危机：国际经验与人民币汇率市场化改革启示 [J]. 经济研究, 2017, 52 (12): 119 - 133.
[15] 王元龙. 我国对外开放中的金融安全问题研究 [J]. 国际金融研究，1998 (5): 56 - 60.
[16] 吴国鼎. 企业有效汇率变动对企业利润的影响 [J]. 世界经济，2017, 40 (5): 49 - 72.
[17] 肖斌卿，颜建晔，杨旸，张璞. 金融安全预警系统的建模与实证研究：基于中国数据的检验 [J]. 国际商务（对外经济贸易大学学报），2015 (6): 97 - 106.
[18] 杨丽莹. 基于人民币汇率变动的马歇尔——勒纳条件模型修正与运用 [J]. 统计与决策, 2019 (3): 174 - 177.
[19] 张安军. 国家金融安全动态监测分析（1992—2012 年）[J]. 国际金融研究, 2014 (9): 89 - 96.
[20] 赵留彦，赵岩，陈瑛. 金融交易与货币流通速度的波动 [J]. 国际金融研究, 2013 (4): 30 - 40.

[21] Bohi, M. T., Michaelis, P. & Siklos, P. L. Austerity and Recovery: Exchange Rate Regime Choice, Economic Growth, and Financial Crises [J]. Economic Modelling, 2016, 53: 195 – 207.

[22] Dai, P. V., Delpachitra, S. & Cottrell, S. Real Exchange Rate and Economic Growth in East Asian Countries: The Role of Financial Integration [J]. The Singapore Economic Review, 2017, 62 (1): 163 – 177.

[23] Dash, M. & Pathak, R. Canonical Correlation Analysis of Asset – Liability Management of Indian Banks [J]. Journal of Applied Management and Investments, 2016, 5 (2): 75 – 81.

[24] Holtemöller, O. & Mallick, O. S. Exchange Rate Regime, Real Misalignment and Currency Crises [J]. Economic Modelling, 2013, 34: 5 – 14.

[25] Jackson, J. K. Foreign Investment and National Security: Economic Considerations [J]. Federal Publications, 2010, 5 (3): 17 – 21.

[26] Janus, T. & Riera – Crichton, D. Real Exchange Rate Volatility, Economic Growth and the Euro [J]. Journal of Economic Integration, 2015, 30 (1): 148 – 171.

[27] Pan, M., Fok, R. C. & Liu, Y. A. Dynamic Linkages Between Exchange Rates and Stock Prices: Evidence from East Asian Markets [J]. International Review of Economics and Finance. 2007, 16 (4): 503 – 520.

[28] Qin, S. & Hu, G. Differential Analysis of National Economic Competitive: Advantage Between China and US Based on National Economic Security [M]. Berlin: Springer, 2012.

Research on the Impact of RMB Exchange Rate Volatility on China's Financial Security: From the Perspective of Exchange Rate Marketization Reform

Yu Jiefang　Wang Yilin　Zhou Runkai

Abstract: This paper uses expert statistical method to select 24 indicators to construct China's financial security assessment framework, and uses principal component analysis to measure China financial security index in the third quarter of 2005 to the second quarter of 2018. According to the process of RMB exchange rate marketization reform, this paper divides the sample interval into "slow reform period" and "rapid reform period", and compares the impact of RMB exchange rate volatility on China's financial security in two periods by empirical methods. The results of the study show that in the early stage of the exchange rate marketization reform, the impact of RMB exchange rate volatility on China's financial security was very fierce. Afterwards, the degree of marketization of the RMB exchange rate and its "buffer" function were further strengthened, and the automatic adjustment function of the financial system was also strengthened, so the impact of exchange rate volatility on financial security weakened.

Key Words: Exchange Rate Marketization, Exchange Rate Volatility, Financial Security

竞争中性政策：澳大利亚和荷兰的经验及其启示

李 虹[①] 王 刚[②]

竞争中性政策是20世纪90年代在欧洲市场化浪潮中发展起来的，是用来促进市场公平竞争，提高国有企业和政府部门经营绩效的重要政策工具，通常被视为竞争法的重要组成部分。其中，澳大利亚和荷兰是践行竞争中性政策的先行者和典范。通常认为，国有企业的政府背景对市场竞争的公平性存在着潜在的影响，竞争中性政策的适用将大大强化其预算约束和市场激励，避免借助公权力牟取商业利益或者实现交叉补贴，因而具有重要意义。

1. 竞争中性政策的形成背景与含义

为了实现促进公共资源的配置效率和市场的公平性，推动微观经济环境的改善，以及促进行政的问责性和透明度，以澳大利亚和荷兰为首的国家在私有化浪潮中制定了竞争中性政策，要求市场规则不应以参与者的所有权性质而有所不同，特别是国有企业不应该因其所有权背景而获得任何竞争优势，如果存在着这种优势，就必须采取中性化措施加以消除。因而，竞争中性政策产生的重要背景是公私竞争的存在，即公共部门与私有部门在市场中就产品和服务的提供展开竞争，最显著的表现是国有企业与私有企业之间的竞争。在实践中，任何国家都存在着公私竞争，在有些国家，也有政府机构因为预算不足或新管理运动的推行而直接或间接地参与市场竞争[③]，因而就可能存在着国有企业或行政机构与私有企业的竞争地位是否平等的问题。在更深层次上，这个问题涉及政府与市场的关系问题。也正因为如此，在荷兰这个问题被称为“市场与政

---

① 李虹，上海财经大学法学博士、金融学博士，现就职于张家港爱丽家居科技股份有限公司。

② 王刚，国务院发展研究中心金融所银行研究室副主任，副研究员。

③ 在20世纪80年代，荷兰政府面临严重的公共财政赤字。对公共财政的重组需要精简政府机构和依赖国家预算的其他机构，这些机构后来都转向市场，设法弥补这个收入空缺。这种做法具有一定的积极意义，比如使这些机构更加具有成本意识，在商业活动和它们的公共目标之间产生了一定的协同效应。

府”问题[①]。

在公私竞争中，国有企业或行政机构以不同的方式在不同行业与私营企业展开竞争，它们的国家或公共所有权背景可能导致其获得私有企业无法拥有的优势，由此带来的严重后果包括：（1）不公平竞争风险。当行政机构直接或间接地利用其公共职能推销产品或服务时就会产生不公平竞争，这种不公平竞争优势主要包括：①以政府为支撑带来的好处；②政府的隐性或显性的财务担保[②]；③在商业活动和公共职能行使中交叉补贴的可能性；④政府向其提供相关信息的优势；⑤利用行使公共职能过程中收集的信息谋求商业利益的能力。最终，政府机构将这种不公平的竞争优势传导给由其管辖的国有企业。如果政府机构或国有企业不使用前述竞争优势，比私有企业更有效率地实现商业目标，则无疑会促进经济发展。否则，就势必扰乱市场的正常运行，阻碍经济发展：有效率的私有企业可能因而失去市场份额或不得不停止某些业务，从而对市场的创新能力带来负面影响，此外，纳税人也将承担将由此产生的成本。（2）行政中断和透明度缺失风险。政府机构的企业行为会削弱机构的透明度和信誉，模糊其责任与目标。它们的商业行为对行政资源与能力的占用会损及这类机构的公共责任。毕竟，一旦进行商业活动，商业风险就在所难免，进而就可能对这些机构带来不利的财务后果，从而影响其公共职能的正常履行。[③]

竞争中性就是要求政府的企业行为不能仅仅因为国家所有权而享有超越私有部门竞争者的净竞争优势。竞争中性政策的实施旨在消除资源配置中因为重大商业活动中的政府所有权而导致的扭曲，完善竞争过程。没有竞争中性政策，政府重大的商业行为可能不会反映真实的资源成本，从而导致价格和资源配置扭曲，从而影响生产和消费决策，以及私有部门的投资决策。

除了抵消政府企业因政府所有权而具有的竞争优势外，竞争中性政策还有利于：（1）促进公共资源高效使用；（2）改善国有企业的总体绩效；（3）清楚揭示经营成本，提高国有企业的透明度和问责性；（4）对国有企业的行为模式做更客观全面的评估；（5）促进其他政府行为的真实性和一贯性。[④]

对于竞争中性的含义，我们还应当明确以下几点：（1）竞争中性政策只涉及抵消因政府所有权而带来的竞争优势；不考虑因企业规模、人力资源、装备、管理能力等带来的效率上的差异。（2）竞争中性政策并不要求将市场机制适用于公共品供给，但是只要政府或其企业选择适用市场机制，就必须遵守竞争中性政策。（3）竞争中性政策并不意味着企业可以停止或豁免履行法定或约

① OECD. Regulating Market Activities by the Public Sector, DAF/COMP（2004）36, at 205, 2004.

② 比如，挪威《国有企业法》第51条第二款规定，对于纯国有企业（statesforetak）的债务，政府承担无限责任。See Section 51, Act relating to State - owned Enterprises of Norway（1991）.

③ OECD, Regulating Market Activities by the Public Sector, DAF/COMP（2004）36, at 208, 2004.

④ A Fair Field and No favours: Competitive Neutrality in UK Public Service Markets, CBI & the Serco Institute, 2006, at 8.

定的公共服务供给义务，比如澳大利亚的社区服务义务（community service obligation）①，对此，政府应当以透明合理的价格向企业付费。(4) 竞争中性政策并不是说国有企业在与私有企业的竞争中不应成功，而是要求国有企业必须依赖作为企业的自身优势赢得竞争，而不能借由国家所有权而在竞争中取胜。(5) 竞争中性政策无意促进公有或者私有所有权的发展，它在商业企业的性质和所有权形式上持中立态度。(6) 竞争中性政策与反垄断法或反不正当竞争法存在着很大的交集，比如在限制国企垄断和限制利用行政手段限制竞争等，同时也存在着某些不同，比如竞争中性政策所要求在税收、监管、融资等方面的成本等价转换与核算等都超出了反不正当竞争法的范围。它并不是对反垄断法或反不正当竞争法的替代，而是其中专就消除公私竞争中国家或公共所有权带来的不公平竞争优势的细化措施，这个问题在国有经济比重较大尤其是转轨国家中较为显著。

2. 竞争中性政策的适用

2.1 澳大利亚②

澳大利亚的竞争中性政策主要体现在1995年4月澳大利亚政府理事会签订的《竞争原则协议》（*Competition Principles Agreement*，CPA）和1996年6月签订的《联邦政府竞争中性政策声明》中，其主要实施机构是澳大利亚财政部、国库部③和澳大利亚政府竞争中性政策投诉署。

竞争中性政策适用于收益大于成本的重大的国有企业行为，具体可分解为商业行为、重大和收益大于成本等，不适用于这些机构的非商业性、非营利性

① 社区服务义务就是指国有企业应政府的指令或要求提供在通常环境下不愿提供的产品或服务。See "Community Service Obligations - Some Definitional, Costing and Funding Issues", prepared by the Industry Commission in conjunction with the Steering Committee on National Performance Monitoring of Government Trading Enterprises, April 1994.

② See Australian Government, Australian Government Competitive Neutrality Guidelines for Managers, February 2004. Also see New South Wales Government Policy Summary of the Competitive Neutrality Complaints Handling Mechanism, January 2002.

③ 应当说明的是，澳大利亚在联邦政府层面分设 Ministry of Finance and Deregulation 和 Ministry of Treasury，在本文中直译为“财政部”和“国库部”，但它们的含义与一般意义有异，其中，前者负责国有资产的管理、国家预算的制定以及放松监管等事宜，后者主管宏观经济环境的监测与评估、政府开支、养老金制度以及税收安排等。

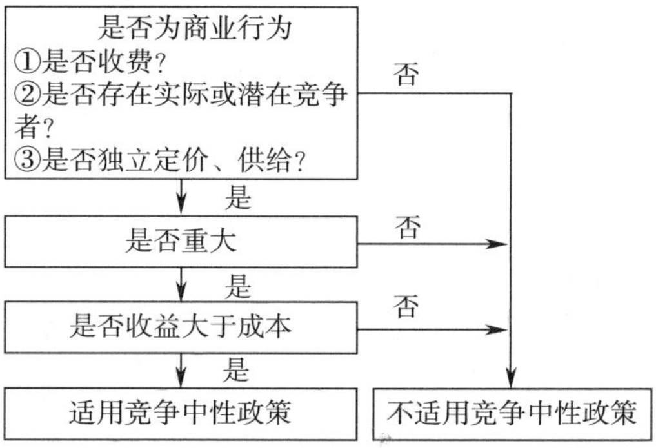

图1 澳大利亚竞争中性政策的适用

活动。① 只有当联邦或者地方政府的行为满足了这三个要件，方才适用竞争中性政策。具体适用程序参见图1。(1) 商业行为要件。具体标准是：使用者付费；存在实际或潜在的竞争者；管理者在生产或供给及定价方面具有一定程度的独立性。(2) 重大性要件。在实践中，下述类型机构通常被视为满足重大性要求：政府商业企业（Government Business Enterprise，GBE）及其分支机构；超过1千万澳元的公共事业招标；商业单位（business units）等。(3) 成本收益要件。竞争中性政策的成本则大多是行政性或事务性开销，实施该政策的假定是竞争中性政策实施的收益大于成本，实践中很少因此而放弃适用竞争中性政策。

澳大利亚竞争中性政策要求国有企业采取措施调整其成本结构，比如将商业行为与非商业行为在组织架构上区分开来等。除此之外，更常见的调整措施是要求国有企业在税收、融资、监管、绩效评估以及公共资源价格核算上实现可比化和中性化。

2.2 荷兰②

在荷兰，“市场与政府”问题仅仅是有关如何防止当政府作为开放市场中的参与者利用其公权力而获得特权地位或不公平优势地位的问题。20世纪80年代，荷兰政府面临严重的公共财政赤字，对公共财政的重组需要精简政府机构和依赖国家预算的其他机构，这些机构后来转向市场开展商业活动，设法弥补收入空缺。这种做法具有积极意义，比如使得这些机构更加具有成本意识，

① 需要说明的是，应当对非营利（non-profit）和非盈利（non-profitable）加以区分，前者是指不以利润为动机的经营，后者指未能获得利润。在澳大利亚，非营利机构必须符合法律要求或者政府命令。

② OECD, Netherlands - Report on Competition Law and Institutions (2004), DAF/COMP (2005) 10. Also see Act of 22 May 1997, Providing New Rules for Economic Competition (Competition Act).

在商业活动和它们的公共目标之间产生了一定的协同效应。但是，也导致这些公共组织在市场上获得了相对于私有机构的不公平优势，从而扭曲竞争。这种扭曲的频繁发生激起了私有部门不断增多的不满或投诉。

1995 年，荷兰政府组建了工作组专门研究市场与政府问题，1997 年，该工作组建议，除少数例外情形外，应禁止公共机构参与附属性的商业活动。1999 年，荷兰社会与经济理事会（Socio - Economic Council，SER）认为，应当制定专门的法律，允许公共机构依法从事商业活动，而不应单纯加以禁止。但它们都认为现有措施不能有效处理公共机构从事市场行为问题。此后，SER 的建议得到采纳，并先后起草了两个《市场与政府法》草案，最终并入了《竞争法》中。

《竞争法》第 4（a）章规定，由荷兰竞争局实施竞争中性审查，其监管对象主要包括两大类：（1）参与经济活动或通过公共企业活跃于商业市场的公共机构；（2）享有特权市场地位的企业。

竞争中性政策对政府机构以及相应国有企业的禁止性规定包括：（1）禁止交叉补贴；（2）禁止使用独有数据；（3）禁止将经济活动与行政活动混同实施；（4）禁止给公共企业优惠待遇；（5）对那些享有特权市场地位的企业的规定主要包括禁止交叉补贴和禁止使用独有数据两项。①

针对竞争中性投诉，荷兰竞争局内部设有复议程序。竞争局法律部首先决定是否以及采取何种处罚②，决定做出后，当事人可以通过内部行政上诉至局长。局长可以召集并向行政上诉咨询委员会咨询，后者由经济学家、法学教授、法官组成，并召开听证会。在听证会上，当事人可以提交当时的新证据。此外，当事人也可以直接或在复议之后就处罚决定将荷兰竞争局诉至鹿特丹地区法院竞争法法庭，若仍有争议，则可上诉至“行业监管组织上诉法庭”（Regulatory Industrial Organization Appeals Court）。

2.3　经验与启示

我们可以将公私竞争看作 20 世纪 80 年代欧洲政府推行的私有化的延伸，在这个过程中，政府第一次得到了竞争性服务提供的好处，即更低的服务价格、同样或更好的服务质量。但是私有化政策面临着很多理论批评：它们先验地假定私有企业提供的服务价格便宜，质量至少与公共部门提供的服务相同甚至更好。相比之下，公私竞争没有做这样先入为主的价值判断，仅仅假定，不是服务供给模式而是持续存在且适度的竞争促进导致了服务质量的改善和价格

---

① E. g. section 25（a），25（b），Act of 22 May 1997，Providing New Rules for Economic Competition（Competition Act）.

② 《竞争法》规定，做出决定的人应与那些参与调查和收集证据的人不同，“The Leniency officer”和投诉官（the Complaints Officer）也应独立于调查参与者，以保证整个程序的客观性和有效性。

的降低。

在其他的调查研究中，美英等国的政府（包括地方政府）指出，只要公私双方都认为程序是透明、公开和公正的，就都愿意参与到竞争中来，但是当其中一方或双方均认为公私竞争不透明或不公正时，它们就会退出程序或寻求司法或立法救济。[①] 澳大利亚与荷兰的经验也表明，消除不公平竞争优势，建立公平竞争的平台是实现透明公正的公私竞争的最好方式。

3. 竞争中性政策对主权财富基金监管的借鉴意义

如前所述，竞争中性政策对维持竞争公平，促进资源有效配置和经济的持续健康发展具有重要意义；在微观层面，它对国有企业的发展也有重要影响，尤其是可以硬化预算限制，大大提高后者的自生能力。自生能力的概念由我国学者林毅夫首先提出，它是指“在一个开放、竞争的市场中，只要有着正常的管理，就可以与其在没有政府或其他外力的扶持或保护下，获得市场上可以接受的正常利润率”[②]。在这个意义上，竞争中性政策就相当于实现或检验国有企业自生能力的重要政策工具：通过剥离因为身份（公共所有权）而带来的优势，使其与私有企业在完全平等的市场环境下展开公平竞争。如果在中性的竞争环境下，国有企业不能获得正常的市场利润率，则说明其不具有自生能力，从而就可能扭曲价格、竞争以及资源的有效配置，对经济的长期稳健发展带来不良影响。

从澳大利亚与荷兰的立法过程和实践经验看，竞争中性政策在适用对象和内容上的差别不大，但都需要根据本国的具体情形如经济结构、竞争传统以及在国际市场上的地位加以调整。此外，在公私竞争中，私有企业考虑到与政府机构或国有企业的长期合作关系，常常怠于通过正式机制投诉，因此，应当考虑像澳大利亚竞争中性投诉委员会一样建立若干非正式的投诉渠道，并考虑应要求为投诉人保密。

竞争中性政策要求国有企业必须按照市场规则与私有企业展开公平竞争：（1）建立市场化的激励结构，促进自生能力的增进；（2）对国有企业的公共职能与竞争职能必须区分开来，建立防火墙制度，消除国有企业在监管、税收、融资、绩效等方面因所有权性质而获得的竞争优势，设定经营目标，消除不必要的政治干预。

---

① David Walker. Counting the Cost：Full Cost Comparison between Public Service Providers，CBI brief，June 2008.

② 对这个概念的系统论述，参见林毅夫的《发展战略、自生能力、经济收敛》，载《经济学季刊》2002 年第 1 卷第 2 期。

金融科技学科建设与人才培养的思考

彭俞超[①] 郭豫媚[②]

摘　要　随着人工智能、云计算、区块链、大数据等新技术与金融业务的深度融合，金融科技的概念随之诞生，并催生出大量的金融科技人才需求。尽管国内高校在金融科技教育方面已经做出了许多探索，但是金融科技作为一门交叉学科和新兴学科，仍然存在着定位不清晰、师资不足、课程建设难以融合等学科建设的困境。本文认为，为了适应金融科技人才需求、更好地推动金融科技在我国发展，金融科技人才培养应遵循以下思路：以实践应用为最终导向的培养目标，以金融理论为基础的培养计划和以MOOC与实验室为手段的培养方式。

1. 引言

1.1　从互联网泡沫、互联网金融到金融科技

在历史发展的过程中，一切创新都是曲折的。金融科技创新也并非一帆风顺，也经历了被吹捧、质疑再到复苏的过程。新旧世纪交替之际，一场始于美国、围绕互联网出现的泡沫在资本的追逐中完成了膨胀和破灭的过程。虽然一批金融从业人员遭遇了投资失败，但是互联网技术却得到了极大的发展，一直在潜移默化地影响着我们的生活。

2013年，互联网在中国金融领域得到了极大的发展，因而这一年被称为互联网金融元年。互联网与金融紧密结合，余额宝、移动支付、第三方支付、P2P网贷、众筹等新兴互联网金融工具与机构在中国大地上如雨后春笋般快速发展。根据有关统计，2009年末，我国P2P平台不过9家，截至2017年1月，累计平台数量已经达到5881家。然而，野蛮生长的互联网金融企业也带来了巨大的风险。2016年，P2P问题平台数量高达1432家，约占总数的30%。

随着人工智能、云计算、区块链、大数据等新技术在金融领域的深度融

① 彭俞超，经济学博士，讲师，中央财经大学金融学院、丝路金融研究中心，E-mail：yuchao.peng@cufe.edu.cn。

② 郭豫媚，经济学博士，讲师，中央财经大学金融学院、丝路金融研究中心，E-mail：guoyumei@cufe.edu.cn。

合，一系列新兴金融业态随之产生。互联网金融的内涵与外延已无法覆盖这些业态，金融科技的概念随之诞生。金融科技的发展过程是曲折的，但是未来的前景是巨大的。得益于巨大的国内市场规模和近年来众多优秀金融科技企业的兴起，我国已逐渐成为全球金融科技领域的领跑者之一。毕马威与 H2 Ventures 的一项排名显示，全球排名前 10 的金融科技企业中有 5 家来自中国。毕马威“2017 中国领先金融科技企业 50” 调查发现，94% 的中国领先金融科技企业将大数据视为自身发展的核心技术。与其他国家相比，中国金融科技企业在信贷和支付等领域发展尤为迅速。

1.2　金融科技人才需求的趋势

金融科技的快速发展催生了对金融科技人才的大量需求，金融科技人才供不应求。分部门来看，金融科技人才需求主要来源于三大领域。一是金融科技行业本身。《2018 年中国金融科技就业报告》的数据显示，92% 的受访金融科技企业认为存在严重的金融科技专业人才短缺问题，85% 的受访金融科技企业还表示金融科技人才招聘面临较大挑战。二是传统金融行业。近年来，传统金融机构正在加速变革，拥抱金融科技已是大势所趋。目前，已经有包括建设银行、兴业银行、平安银行等多家银行成立了金融科技子公司。传统金融机构想要抓住金融科技的机遇，不仅需要改变经营模式和管理思维，还需要引入大数据、云计算、人工智能、移动智能支付等前沿科技，这自然需要引进金融科技人才。三是监管部门。随着金融业务的互联网化以及顺应大数据时代变革的需要，将金融科技应用于金融监管的必要性也逐步上升（李伟，2018）。2017 年 5 月，中国人民银行宣布成立金融科技委员会，明确提出要强化监管科技的应用实践，积极利用大数据、人工智能、云计算等技术丰富金融监管手段，提升跨行业、跨市场交叉性金融风险的甄别、防范和化解能力。政府监管部门对监管科技的应用产生了对金融科技人才储备的需要。

不同机构的调研报告均显示，近年来金融科技人才缺口持续存在。人才职业发展平台猎聘发布的《2017 年第二季度人岗争夺战及职场流动力大数据报告》显示，我国对互联网和金融的复合型人才缺口巨大，并预测 5 ~ 10 年内人才缺口将会达到百万规模。全球招聘顾问公司 Michael Page 发布的《2017 中国薪资和就业报告》则认为，2017 年我国金融科技人才总缺口已经达到 150 万。未央研究 2018 年的估计则显示，我国互联网金融行业人才缺口已超过 300 万，复合型人才与风控岗位人才需求尤为突出。

1.3　国内外学科建设的现状

为了满足市场对金融科技人才的需求，系统性和专业性的金融科技人才培养也自2014年开始起步（李建军和吕勇斌，2018）。与此同时，学科设置也日益完善。国际方面，2016年以来，牛津大学、帝国理工学院、爱丁堡大学、伦敦大学国王学院、麻省理工学院、纽约大学、伯克利大学、哥伦比亚商学院、香港中文大学等国际顶尖高校陆续设立了金融科技专业本科和硕士项目，开设的课程涉及大数据金融、机器学习、区块链、人工智能、生物识别和金融安全等方向。国内方面，中央财经大学金融学院于2017年开始建设金融科技专业，并于2019年3月正式成立并开始招收本科专业学生。北京大学汇丰商学院和上海财经大学则分别于2017年和2019年在金融硕士项目中开设金融科技方向。2016年成立的清华大学交叉信息研究院金融科技中心已开始招收金融科技方向的博士生。总体而言，国内外金融科技学科建设均处于起步和探索阶段。

2. 金融科技学科建设的困境

2019年，金融科技专业得到教育部审批，成为高校可以自主招生的一门新专业。金融科技专业建设及学科建设迫在眉睫。尽管国内高校在金融科技教育方面已经做出了许多探索，但是金融科技作为一门交叉学科和新兴学科，仍然存在着定位不清晰、师资不足、课程建设难以融合等学科建设的困境。

2.1 金融科技学科的定位不清晰

交叉学科已成为当代教学研究的一个主要发展趋势（谢一铭、吴帅宾，2019），但是，交叉学科往往容易出现学科定位不清晰的问题。金融科技究竟是金融为主还是科技为主，高校教育界尚未对此达成一致。工科类高校、综合类高校的信息学院、计算机科学技术学院等在建设金融科技学科的时候，大多将金融科技定位以科技为主。而财经类高校、综合类高校的经济学院、金融学院在建设金融科技学科的时候，大多将金融科技定位以金融为主。以自身的优势学科来作为办学基础是无可厚非的，但是全国高校不能以统一的学科定位来建设金融科技学科，将导致政府、社会、企业乃至学生和家长等各类人群对金融科技学科认知的混乱，不利于金融科技学科的长期发展。

一些教育工作者认为，金融科技的核心在于科技，应该将培养学生的科技知识作为培养核心。他们认为，金融科技中包含大量的信息技术类知识，如人工智能、区块链、云计算等。在金融科技的实践中，只有掌握信息技术才能实现对新金融的把握，才能将金融科技真正运用于金融服务中。但也有一些专家认为，金融科技的本质仍然是金融，因而金融科技的学科定位应该侧重于金融。金融科技将新技术运用在金融领域，只是提高了金融服务的质量与效率，并未改变金融的本质。如果不能遵循金融学的基本逻辑规律经营金融科技企业，而是简单粗暴地将科技应用在金融领域，必然会造成金融科技的金融功能异化，引起金融科技风险，阻碍金融服务于实体经济。

2.2 金融科技学科的师资不足

教师是学科的灵魂。习近平总书记在讲话中提出，要坚持教育者先受教育，让教师更好地担当起学生健康成长指导者和引路人的责任（习近平，2018）。在金融科技学科建设的过程中，师资培养是至关重要的一环。金融科技人才是复合型人才，这就要求金融科技学科的专任教师也具有复合型的知识背景和教学能力。金融科技学科的专任教师既要懂得金融学知识，又要懂得科技类知识。然而，专任教师的知识背景大多是过去十年来形成的，难以匹配当前金融科技专业的要求。

金融专业背景的教师在教授金融科技课程时，由于无法完全领会科技知识，容易造成讲授的课程知识过于浅显，仅仅停留于科技在金融领域应用的层面上。计算机专业背景的教师在教学金融科技课程时，由于不熟悉金融学理论，局限于金融科技技术，导致金融科技课程与一般的计算机课程无差异，无法体现金融的原理与逻辑。

而且，当前的高校教师招聘体系，决定了高校教师均是具有博士学位的国内外专业人才。所谓专业，即他们仅在某一个细分领域具有较深的造诣，而无法对多个学科的知识广泛掌握。金融科技横跨多个学科，现有的高校教师大多仅掌握其中之一，一般很少具有复合型知识背景。长期以来，存在着这样一种现象：一些理工科学生，在硕士博士阶段转为攻读经济学博士学位。因此，就目前而言，高校在招聘教师时，会考虑招聘那些本科或硕士获得计算机专业学位，而博士获得应用经济学学位的人才。然而，这种做法仍然难以解决金融科技师资缺乏的问题。一方面，这些人才的计算机知识较为浅显，达不到金融科技所要求的高深科技知识。例如，大数据存储技术、区块链中的密码学等知识均是计算机类专业的高级课程。另一方面，这类人才在人才市场中仍然凤毛麟角。

2.3 金融科技学科的课程建设难以融合

课程是学科的基本要素。有机、系统的课程体系是一个学科得以立足和发展的基础。与师资不足的困境类似，金融科技学科的课程建设同样面临着交叉融合的难题。如果不能有效地解决金融科技学科的课程建设问题，将严重制约金融科技学科的发展。

现有尝试金融科技教育的高校，仅能简单地开设金融类课程、计算机课程、数学课程，却难以构建交叉类课程。如此一来，学完该课程体系的学生，由于只学习了三分之一的金融类课程，因而不能很好地掌握金融知识。同时，由于只学习了三分之一的计算机类课程，也不能很好地掌握科技知识。更为关键的是，这些学生无法领会金融科技的核心思想，只是如同学习了金融学与计算机科学双学位一般，并不能胜任金融科技工作，无法满足金融科技领域的人才需求（宋晓薇，2018）。

金融科技作为一门独立的专业和学科，必须有其独有的核心课程。这些课程以金融学专业、科技类专业的一些基础课程作为选修课程，重点围绕金融科技理论与实践展开。金融科技学科的核心课程应至少包括金融科技学、大数据与金融、智能金融、区块链与金融、监管科技等。金融科技学是金融科技专业的统领课程，以金融科技理论为其核心内容，阐述金融科技的理论基础。以大数据与金融、智能金融、区块链与金融、监管科技等课程为核心专业课程，重点阐述如何运用金融科技手段解决传统金融问题，提高金融功能，促进金融服务与实体经济。在这些专业课程中，教师不以教授金融科技技术细节为重点，而是教授运用金融科技手段解决金融问题的理念与思路。通过该课程的讲授，使学生懂得面对现实金融问题时，如何利用科技手段设计解决方案，并且能够简单清晰地向计算机专业人才介绍方案。分工是经济增长的源泉。金融科技人才是金融业与科技行业的桥梁，发挥着金融领域与科技领域之间的沟通协调作用。他们将金融问题转化为科技问题，协调金融人才与科技人才的沟通，有效解决金融与科技之间的绝缘问题。

3. 金融科技人才培养的思路

得益于巨大的国内市场规模和近年来众多优秀金融科技企业的兴起，我国已逐渐成为全球金融科技领域的领跑者之一。我国要继续保持在金融科技行业的优势，首先需要解决金融科技行业的人才培养问题。本文认为，金融科技人才培养可以遵循以下思路。

3.1 以实践应用为最终导向的培养目标

在金融科技人才短缺的大背景下，人才培养的目的是满足市场需求，这就要求人才培养目标需要以实践应用为最终导向。一方面，金融科技人才需求源于金融科技行业的发展与实践，如果高等院校所培养的金融科技人才不能契合市场需求、与行业发展和业务实践脱节，那么人才培养就会失去意义。另一方面，我国金融科技行业要继续保持世界前列甚至领跑全球，就需要继续开拓创新，这也要求金融科技人才培养需要与实践应用接轨。人力招聘公司 Michael Page 发布的《2018 年中国金融科技就业报告》指出，38% 的中国金融科技行业的雇主和从业人员认为，人才供应是确保金融科技持续成功的关键因素。

随着中国经济向高质量发展迈进，市场对优质、便捷和多样性金融服务的需求越来越高，中国金融科技的业务布局将向着智能投顾、区块链、生物识别和监管科技等更加广泛的领域渗透。传统金融机构信息技术部门、新兴金融科技公司对金融科技复合型人才需求旺盛。因此，我国金融科技人才培养需要立足于金融科技行业发展和金融科技公司的需要，确立以实践应用为最终导向的培养目标，并在此基础上进行培养方案设计、课程体系设计和教学规划。总体来看，基于金融科技发展的实践应用，我国需要的金融科技人才包括两大类。一是专业技术人才，包括大数据金融、人工智能、金融风险管理和监管科技等岗位的分析师或运营师。二是学术研究人才，包括从事金融科技教育学、业务培训、理论研究等领域的教学研究人员。

3.2 以金融理论为基础的培养计划

金融科技是金融和科技的交叉学科，但是在人才培养中需要立足于金融，以金融理论为基础进行人才培养。其原因包括以下三点。

第一，金融科技的本质不是发展科技，而是发挥金融的功能。金融科技行业的业务活动和模式包括数字货币、第三方支付、移动支付、P2P、众筹、供应链金融、智能投顾、互联网保险、监管科技等。在这些业务实践中，引入了科技的因素，但是这只是科技的应用，其最终目的仍然是发挥金融的功能。美国著名的金融学教授罗伯特·默顿提出，金融体系具有六大功能，分别是支付清算功能、资金融通功能、资源配置功能、风险管理功能、信息提供功能和激励解决功能。不难看出，所有的金融科技业务活动无非是通过引入科技因素，实现以更低的成本和更高的效率发挥金融功能。因此，金融科技的出发点仍然是金融，在人才培养中仍然需要以金融理论作为基础。

第二，金融科技人才需求更加偏向于具有较强金融理论的人才。无论是金融科技行业整体的持续发展还是单个金融科技企业的成长，高素质人才都是关键因素。从当前金融科技行业发展过程中所暴露出的问题及存在的潜在问题来看，主要与从业人员金融理论素养不够具有紧密联系，金融科技行业的发展对具有较强金融理论的复合型人才存在更为迫切的需求。以 P2P 行业为例，2016 年以来，我国 P2P 行业问题频发，问题平台数量急速上涨。这些平台出问题的原因包括：资金链断裂，缺乏网贷行业经验与人才，资金管理不善，诈骗跑路，非法集资，网络安全黑洞和恶性竞争等。可以看到，除了非法集资和网络安全黑洞外，其余原因均与金融素养有关。

第三，我国金融科技发展的最终目的是服务于实体经济、提高金融效率，这也要求金融科技人才具有扎实的金融理论。中国人民银行金融科技委员会2019年第一次会议指出，要“加强金融科技研究规划和统筹协调，强化金融科技创新规范引导，稳妥推进人工智能、云计算、大数据等新一代信息技术在金融领域合理应用，不断提升金融科技应用与管理水平，推动金融科技成为服务实体经济、防控金融风险、深化金融供给侧结构性改革的重要力量”。可以看到，金融科技最终要回归经济金融，因此人才培养也需要以金融理论作为基石。

事实上，目前教育部也已将金融科技专业放置在金融学类专业中，这正表明了教育部专家对金融科技专业的定位——它仍然是以金融学为基础的。金融科技专业旨在培养高级的金融科技管理人才。金融科技从业者应当以金融理论为知识储备基础，以数学、信息科学技术为补充，统筹驾驭金融科技理论与实践知识，以管理者的姿态来经营金融科技企业，统领计算机编程从业者和一般金融从业者。

3.3 以MOOC与实验室为手段的培养方式

MOOC手段的引入有助于提高金融科技人才培养效率。金融科技人才培养与传统专业人才培养存在较大差异，一个重要因素在于金融科技行业本身还处于快速变化中，这导致课程体系设置和教学内容的设置也要随时调整以保证人才培养与现实接轨。但是，这无疑会增加教学成本。通过MOOC的方式，将金融科技中与传统金融理论和科技相关的、较为成熟和稳定的知识点制作成MOOC课程，将有助于降低教学成本。通过这种方式，教师可以将时间和精力集中于金融科技领域的最新变化，提高教学效率。与此同时，学生通过在课外学习MOOC，在课上与教师讨论金融科技发展的最新问题，有助于更好地将理论与实际结合，加深对金融科技现实的理解。

依托金融科技实验室，则能够更好地实现实践应用导向的人才培养。传统教育手段更多的是对知识和理论的介绍和分析，尤其是在金融知识的教学中上述特点尤为突出。然而，在金融科技人才培养中，实践应用尤为重要，单纯依靠教师讲授并不能实现培养目标，因此传统教育手段已不能满足金融科技人才培养的需要。基于此，高等院校和金融科技企业应加强合作，进一步加大科研投入和科技创新，运用大数据、区块链、人工智能、云计算等技术共同搭建金融科技实验室。通过模拟实验，使金融科技人才培养更加贴近业务实践，在实验中更为直接和直观地理解业务场景和运作原理，甚至在此基础上进行创新活动。对金融科技企业而言，通过实验室合作建设，不仅能参与到金融科技人才培养的过程中，也能直接服务本企业金融科技人才储备和业务创新。

参考文献

[1] 李伟．监管科技应用路径研究［J］．清华金融评论，2018（3）．
[2] 李建军，吕勇斌．互联网金融课程建设与人才培养模式的思考［J］．中国大学教学，2018（5）．
[3] 宋晓薇．“互联网＋双创”背景下投资学专业人才培养创新研究［J］．时代经贸，2018（27）．
[4] 谢一铭，吴帅宾．基于学科交叉的地方高校研究生创新能力的培养［J］．大学教育，2019（5）．

公共金融理论研究综述与展望

王　伟　王朋飞[①]

摘　要　从创新金融体制机制的角度进行金融供给侧改革服务经济社会发展已成为社会各界关注的重要问题之一。公共金融为金融范式未来的转换与创新发展提供了方向，并逐渐发展成为金融学领域中充满生命力和颇有发展前景的一门交叉学科。本文重点对国外相关的最新研究文献进行了梳理，从公共金融的界定出发，分析公共金融的基本组成要件，系统地综述了现阶段公共金融理论体系，评述和描绘公共金融未来的发展前景和研究方向。研究表明，目前国外对公共金融的理论研究总体上处于初步发展阶段，国内则处于起步阶段，亟须构建有中国特色的公共金融理论，以更好地为中国金融主张、倡议、机制、实践提供理论支撑，提升中国公共金融的学术自信和话语权。同时，本文还对该领域未来的研究方向及重点进行了展望。

关键词　公共金融　社会公共领域　理论体系　学科建设

1. 引言

在漫长的历史长河中，一个良好的金融体系对运转良好的经济至关重要，金融创新在促进经济增长方面发挥了重要作用（Zingales，2015；Carlin 和 Mayer，2003），学者已经通过金融与经济、社会关系之间的研究，证明经济增长需要金融发挥资源配置功能，有效的金融配置对经济增长具有促进作用（Levine，1997）。同时，学者也提出社会性问题，需要发挥金融的正向引导作用，加以调节和解决（Adelino，M. et al.，2017）。目前，关于金融调节社会均衡发展的理论已逐渐兴起，并以不同的名义出现。商业性主导的有合作金融、社区金融、科技金融等；政策性主导的有开发性金融、政策性金融等；公益性主导的有公益创投、社会影响力投资、社会影响力债券（Balkin，2015）、慈善金融（Affleck 和 Mellor，2006）、社会金融（Moore et al.，2012）等。

近年来，上述不同名义的金融引起政治学、管理学、社会学、伦理学等诸多学科的学者们的关注，相关研究方兴未艾。公共金融理论在相关金融调节社会问题理论研究的基础上，吸收了不同社会学科的学说，在实践及同诸多学科

---

① 王伟、王朋飞，辽宁大学经济学院；邮政编码：110036，E－mail：wwjrbs77@sina.com。基金项目：国家社会科学基金项目（14BJY193）、省社科联 2019 年度辽宁省经济社会发展研究课题（2019lslktyb－016）。感谢匿名审稿人的修改建议，文责自负。

融合的推动下，得到逐步完善和发展。公共金融是生产和提供金融公共产品或公共金融产品的新金融业态，在配置生产要素和解决社会问题的实践中，其积极的社会实践效果，已经凸显，逐渐获得社会认可。本文重点通过梳理有关文献，并在国内外理论研究的基础上，系统综述了公共金融理论发展脉络，展望了公共金融未来发展趋势，以期能够启发国内学者，加强公共金融领域研究。

2. 公共金融的界定

2.1 公共金融的理论基础

以市场为主的资源配置理论为大众所认知和接受，经济史也充分说明了市场为主的资源配置理论重心在于效率，金融资源由于资本逐利天性更是将效率至上的理念发挥到极致。随着公共选择理论、信息不对称及博弈论等理论的发展，经济学家注意到市场在资源配置上存在失灵行为，公共产品在西方经济学理论中属于市场失灵的典型代表，需要“有形之手”调节，以修正市场失灵行为。

现代西方公共经济学是基于对财政学研究而形成的新兴学科，《财政学原理：公共经济研究》的出版，使公共经济学正式成为一门学科。公共经济学在西方经济理论中主要研究政府公共干预市场经济行为等有关内容，并致力于在经济和政治之间、公共部门和私人部门之前、市场作用机制和政府干预行为之间等寻找最佳平衡点，从而发挥公共经济在社会发展中的作用。多年来，公共经济学的研究大多数集中在政府如何为公共活动筹集金融资源。公共物品的界定一般仅限于一个国家范围或者地区范围内，随着经济全球化的发展，世界各国之间联系日益紧密，原属于一国或者地区范围内的公共物品具有溢出效应，成为全球的公共物品。

公共金融属于公共经济学研究的理论范畴，是公共经济学重要研究方向之一。公共金融作为准公共物品随着公共物品理论的发展，其内涵和外延也得到拓展。公共金融研究学术范围已经从政府如何在公共活动中筹集资金发展到发挥金融在社会公共领域的资源配置作用。公共金融研究地理范围也逐渐由一个地方、区域、国家向全球范围进行拓展（Kaul 和 Conceição，2006）。

公共金融理论的形成和发展重点基于财政学、伦理学和金融学等社会学科相融合的新理论，依赖于传统社会学科，借鉴了财政学的公共性理论、伦理学的道义理论和金融学的可持续发展理论，从而形成以优化和改进社会公共领域福祉为主要目标，具有可持续性的新兴资源配置金融理论。

1. 吸收财政学的投融资公共性理论。财政依靠国家强制力量征收的赋税，无偿划拨，主要用于社会公共生产建设等领域，以达到优化资源配置、公平分配及经济稳定和发展的目标。公共金融吸取了公共财政围绕社会公共领域进行投融资，从而解决社会公共领域问题的目标理论。公共金融是针对社会需求而出现的新金融独立体制机制，以“公共经济”为指导思想分配和管理金融资源（Cornée et al.，2012；San－Jose et al.，2011）。公共金融吸收了财政的目标，并非完全摒弃财政的投融资来源依靠国家强制力和无偿划拨的非金融属性，发挥市场决定性作用，依靠市场力量筹集资金，除调动私人和公共部门储蓄外，还包括捐赠和财政补贴等（Artis，2017）。公共金融拓展了资金来源范围，涵盖了非市场行为和市场行为的财政资金，从更广泛的视角，为公共金融活动提供筹措资金供给端。公共金融理论从产生起，都具有清晰的目标，框定公共金融资源运用范围，消除了金融盲目性弊端，同时公共金融以财政目标为借鉴，为公共金融在实践中得到实际部门决策层的政策扶持、经济活动中的实践地位和官方理论界的学术地位确立奠定了坚实基础，为公共金融未来发展提供广阔空间。

2. 吸收西方现代伦理学的道义理论。在西方现代伦理学中，道义论的内容是人的行为必须遵照某种道德原则或按照某种正当性行为的道德理论，除行为目标外，道义理论要求活动的起点至终点的行为都符合社会道义。并说明真正的理想状态是在“义”的规范下实现“利”，在“利”的实现过程中寻求更加符合现实的“义”的规范。道义论在社会实践中，以社会公认的责任和义务来规范人类的实践行为（万俊人，2003）。在历史的发展中，人类意识到了以“道义”为主导内容的道德规范不仅是保障他人行为实现的社会意识存在，而且是保障自我权利实现的道德范式体现。金融发展之所以可能制造一个“好的社会”，是因为可以在现有的金融体系中引入创新，金融工具不仅可以满足现实经济及社会发展需求，而且可以将道德及伦理引入，为实现一个好的社会提供激励和指引（Zeckhauser，1994）。公共金融吸取道义论中的资源配置伦理思想，按照区别于传统金融理念和运行体制机制形成独特的金融资源配置方式。公共金融基于道义论中的最大幸福原则而非追求经济中以竞争为基础和利益最大化原则，力求将社会问题、环境焦点、道德标准和民主法治等内容融入金融运行规范体系。从这个意义上说，它重新定义了金融，并为金融带来了新的解释、逻辑和价值，促使金融发展出现新范式，即金融社会化（Dowling，2016）。公共金融成为金融社会化的典型业态，通过重构特有的目标手段等体制机制，促使社会各方承担社会责任，为社会带来福祉。公共金融区别于传统的道义论中的非营利性资源配置形式，利用公司形式或社会组织形式，依靠市场调节力量解决资金来源和解决社会问题，通过资本配置实现财务回报和社会积极影响双重目标（Geobey et al.，2012；Wiggan，2018），这种模式更受到各界的广泛关注（Dowling，2016；Edmiston 和 Nicholls，2017）。

3. 吸收金融学的可持续发展理论。金融学中的可持续发展理论认为，金融具有资源属性，决定了经济学对资源配置问题的研究应该扩大到金融资源的配置上，或者只有通过金融资源的配置才能最终实现对社会一般资源的配置，金融既是资源配置的机制，同时又是资源配置的对象。金融可持续发展理论就把对金融问题独立考察的传统扩大到金融与经济的动态关系上来，金融可持续发展既是金融可持续发展理论的研究对象，也是金融学研究的基本框架和最终目标。金融可持续发展理论强调，金融效率的评价标准是金融发展与经济发展的适应程度，资产的金融化不能以牺牲现时和未来的实际生产和服务为代价。因此，金融可持续发展理论是一种全新的效率观。这种效率观不是仅仅注重一个国家某一时点上的资源配置效率，而是注重在一个相对长的历史时期内金融与经济相互影响 、相互作用下的协调发展（白钦先，2000；白钦先、王伟，2004）。公共金融理论从金融可持续发展理论中借鉴优秀研究成果，认为公共金融具有金融资源属性，其运动规律具有金融的特征，本质上仍属于信用有偿性的金融，资金配置原则上消费领域不包括在公共金融服务范围内，这是因为公共金融在取得积极社会影响的同时，也需要取得一定的财务回报，继而确保可持续发展（Artis，2017）。一些学者已经开始将公共金融概念纳入金融经济学中，从金融经济学理论视角解释公共金融产生的经济价值（Brandstetter 和 Lehner，2015；Schinckus，2017）。公共金融依然需要以能够负担的成本，为涉及社会公共目标和道义扶持范围内的群体，提供有效、全方位的金融服务。在运行体制机制上，强调商业可持续与取得社会积极影响的双重目标，从而实现公共金融的包容性增长。

2.2　公共金融的起源和发展

20 世纪 70 年代，公共金融已经演化为公共经济学的研究范畴，是由慈善资本主义、自然资本主义、社会资本、融合价值和社会企业家精神五类金融经济融合发展后出现的一种新金融业态。Kaul 和 Conceição（2006）提出，对公共金融的研究范围应从局部地区为单位逐渐扩大到整个国家，继而置于全球视野；新公共金融的研究目的，从为某一地区某一群体谋取福利到为全球金融资源配置均衡提供理论指引，并将公共金融的演进分为传统的公共金融、接受市场与国家互动的公共金融和全球公共金融三个阶段。其中，传统的公共金融在很大程度上是以国家为中心，以研究单一经济体为前提；接受市场与国家互动的公共金融打破了公私边界，使得公共部门与私营部门之间的伙伴关系得以启动，但仍然以单一经济体为研究对象；而全球公共金融凸显了面对全球化的共同挑战和由公私共同提供全球化的公共产品。Nicholls（2010）提出公共金融是资本和道德精神两者融合到经济项目、社会倡议和有关组织中，这些经济项目、社会倡议和有关组织，在给定的规范社会背景下能够实现积极的社会效应的新金融。Kerlin 和 Organizations（2010）利用社会起源理论，通过对社会企业及社会经济数据的比较研究，认为社会经济背景不同，是金融在公共领域配置方式不同的主要原因。发达国家正在或者已经演变成为“社会投资”福利模式，其特点是注重机会平等，同时更注重社会责任（Pintelon et al.，2013），英国工党在发展社会政策中，将金融服务范围调整到更多关注特定公共社会服务上（Westall，2010）。Moore 等（2012）基于结构化理论提出，公共金融是在金融资源支配、结构、规则和更广泛体系中控制资本流动关系的创新，他还试图为公共金融建立一个基本框架，将公共金融归类为社会创新和定向金融工具，为社会发展提供新的融资方式。Henriksen 等（2012）发现，注重公平、思想和规则的社会领域与以追求经济利润为目的的金融领域逐渐融合，向着趋同方向发展。一些学者认为尽管环境和需求迥异，但可以将社会目标与金融目标整合，产生公共领域的新金融模式（Young et al.，2014）。经济社会实践和理论上的共同探索，提高了金融在社会公共领域的理论形式和活动水平，金融社会化是金融和社会两个方面融合最重要的变化之一，这种融合模式被越来越多的个人和组织用于促进社会进步和问题解决，并带来了巨大的市场。金融社会化得到了欧盟和各国政府政治上的支持（Spiess – Knafl 和 Aschari – Lincoln，2015）。

迄今为止，公共金融在西方已得到一定范围的探讨和研究，有关的学术文献不断涌现，学术界也努力探索诸如财务回报和社会影响之间的权衡（Weerawardena 和 Sullivan Mort，2006）、融合价值体系的概念化（Young et al.，2014）等，还有学者从熊彼特的破坏性创新角度分析公共金融理论。另外，从实践运行情况看，商业机构、政府以及非营利性组织正在积极运用金融手段提供社会服务，在可持续原则的基础上，至少部分使用基于市场的方法来解决更广泛的公共领域问题（Kerlin 和 Organizations，2010；McKay et al.，2015）。

但公共金融存有一定争议，仍需要进一步深入讨论。学术界关于公共金融研究还没有明确研究边界，尚未达成统一共识，缺乏通用学术规范叙述（Moore et al.，2012；Geobey et al.，2012）。在实践领域中，尚未形成理性、高效的金融市场，更多的是一个松散的供求网络，发展规模相对于传统金融而言还很小。实质上相类似的金融行为，但行动方式和类型上的多样化现象，也意味着它还没有形成一套规范的理论体系（Nicholls，2014），上述内容都限制了公共金融的进一步研究。整体来看，公共金融研究内容和焦点主要集中在基本理论框架以及服务的范围、方式、方法等，无论是在学术理论界还是在具体的社会实践层都处于起步阶段（Gozzi 和 Schmukler，2016），尚未达成一致意见，此领域的进一步发展和研究是很有必要的（Lehner 和 Nicholls，2014）。

2.3 公共金融的内涵

公共金融是一种在社会公共领域范围内，运作主体既可以由政府主责，也可以由市场决定，或两者的合作互动；既可以由政府专门组建的公共金融机构（如政策性金融机构、开发性金融机构等）专营，也可以由国有或私有商业性金融机构和社会资本兼营或合营；运作范围既有以国家及地方为中心的公共金融，也包括全球及区域性公共金融，通过带有特定公共性意向的资本市场、货币市场以及金融衍生品市场中具体的贷款、投资、担保、保险、信托、基金、贴息、期权、期货等一系列资金融通工具，发挥引导和调节资源配置功能的新金融形式的集合。关于公共金融的英文释义，在国外，除了 New Public Finance 专指新公共金融外，一般的 Public Finance 主要指公共财政。基于有区别、有针对性地体现公共金融的有偿及可持续资金融通属性，有国内学者对公共金融的英文界定为 Public Financing（朱柏铭、俞洁芳，2018）。

2.4　公共金融的特征

公共金融能够迅速发展，取决于公共金融明显区别于资金运行形式的显著特征，这些特征促使公共金融能够适应服务经济社会发展需求，为经济社会活动带来福利。公共金融区别于传统商业金融的追逐利润最大化和有偿性，也区别于财政的无偿性和公共性，更区别于非市场行为主体的捐赠等馈赠行为特征。公共金融的首先特征为公共和有偿统一性。其次为特定和动态统一性，主要是涉及公共领域、发展战略及强位弱势等现在需要以及未来某些公共区域需要金融服务群体；服务内容多样，不仅提供信贷等金融资源，还提供保险、咨询等金融服务。最后为保本和可持续统一性。

1. 公共和有偿统一性。公共性主要体现在服务对象的特定性以及金融的过度商业化一直与日益加剧的社会不平等和经济的不稳定联系在一起，金融排斥被认为是金融过度商业化导致的后果，随着全球人均财富的增加、社会流动性的改善、民主政府数量的增多、跨国公司权力的扩张、人均寿命的延长及教育水平的提高和通信技术的改善等大环境的改变，社会各方面对如何有效解决现行的金融体制机制在资源配置过程中出现的机会不均等现象和被传统金融排斥在外的社会公共领域和弱势群体金融服务等问题，给予广泛关注（Nicholls，2006）。在社会经济发展的薄弱领域和薄弱环节等微利或者无利市场，金融排斥更加严重，国际社会上针对运用金融手段解决社会问题，出现了诸如普惠金融、社会责任投资、微型金融、社区金融等一系列主要服务于被传统金融排斥在外的社会公共领域和强位弱势群体。国际上许多政府通过支持具有公共性的金融服务领域活动行为，以刺激当地企业和经济，减少国家财政在社会公共领域的支出，并在实践中取得良好效果（Affleck 和 Mellor，2006）。

社会公共领域的金融活动行为，本身已经具有了较强的外部性，金融资源的配置已将社会福利纳入其中，但是公共金融本质上不同于传统服务公共领域的财政等公益行为。公共金融所有活动是具有信用有偿性的活动，为了使得社会公共领域能够持续地得到社会资源的支持，需要将有偿性作为遵循原则之一。有偿性也为公共金融活动的安全性、流动性提供了有力的支撑，有偿性也能够发挥金融的杠杆等传统融资工具作用，实现公共金融最大的包容性。学者们也建议政府通过金融体系制度改革这种市场方法来解决问题（Beck et al.，2008；Pintelon et al.，2013），具体提出将金融纳入社会领域，创新出特殊金融模式和组织（King 和 Levine，2010），还有学者专门对于经济较为贫困和落后且市场机制不完善的发展中国家和地区，建议它们建立具有公共性质的金融体制机制，由政策性金融提供指导性和带头作用，构建包容性金融体系，提高新金融机制运行的可行性，用来克服金融抑制和排斥，继而促进经济发展（Monroy &Hernández，2005；Appleyard，2011）。通过有偿性克服了财政等传统资源配置“输血”方式，发挥“造血”功能，更能够具有持久性和不违背经济活动的“理性人”假设及金融运行规律。

2. 特定和动态统一性。公共金融公共性是特定性和动态性的依据。特定性包括具体的对象、内容、方式、效果等，其中最主要的特定性是对象。公共金融框定的服务范围主要是社会公共领域，这是特定的，除此特定范围外，在未服务好特定对象的一定时间内，公共金融就不能退出或者需要改进方式方法提供更有质效的金融服务。传统金融主要关注创造短期利润，由于资本逐利的短视性，很少考虑投资的可持续性和积极社会影响力，学者们从人口增长压力、环境污染、资源浪费等角度分析了传统金融发展模式对社会产生的不良后果，认为鉴于社会和环境挑战，这种做法是不可持续的，如果不从金融体制机制上加以控制或者弥补，转变金融发展范式，明确地考虑所有的社会和环境成本和利益，提出可持续的金融价值创造思路，则会带来越来越多的社会发展问题（Fatemi 和 Fooladi，2013；Balkin，2015）。Artis（2017）认为社会公共融资（Social and Solidarity Finance）的主要目的是帮助那些生产创造活动的人或组织获得融资。

公共金融的动态性同特定性相统一，由于经济社会发展和科技技术进步等原因，社会公共领域和金融服务方式方法都在不断取得新的突破。公共金融的动态性，也就体现为服务对象在获得公共金融支持后，已经能够取得社会商业化融资，或者其他融资渠道，为了社会公平起见，公共金融应该有序退出。在一定时间内，现阶段不隶属于公共金融服务对象的，或者经济领域出现新公共领域的应该纳入公共金融服务范围的，应该与时俱进动态调整，保证公共金融服务对象服务公共金融特征。另外，金融的融资工具随着科技的不断创新，也需要对公共金融的“工具箱”进行调整，纳入最新的金融融资手段和工具，以便于更好地服务于公共金融目标。金融危机、社会贫富两极分化、地缘政治不稳定等社会问题，给予人们启示，要重新思考和调整金融资源配置路径，促使在既定金融资源的情况下，创造出积极的社会效应，也许这就是未来的出路（Balkin，2015）。

3. 保本和可持续统一性。由于公共金融的目标是特定社会公共领域服务群体以及公共金融资金来源具有商业金融不可比拟的天然优势和低成本性，公共金融应坚持非主动盈利性，区别于商业金融的服务。公共金融的非纯公共物品也区别于公共财政，需要公共金融以信用方式去运作并收回成本，具有可持续发展（朱柏铭、俞洁芳，2018）。公共金融的保本微利性最主要是界定保本点和微利点（Breakeven point），保本点是总收益和总成本相等的点。朱柏铭和俞洁芳（2018）指出，如果以 Π 代表利润，Q 代表产量，P 代表价格，TR 代表总收益，TC 代表总成本，C_f代表固定成本，CV 代表单位可变成本，T 代表税收，t 代表综合税率，假设总收入与总成本均为产量的线性函数，则有 $\Pi = TR - TC - T$，可转化为 $\Pi = P \times Q -（Cf + CV \times Q）- P \times Q \times t$，公式中的 $\Pi = 0$，即为保本点。朱柏铭和俞洁芳（2018）指出的公共金融保本点，由于不主张微利，所以尚未说明公共金融的微利点和计量方式。

实现公共金融的健康可持续发展，必须具有一定的盈利性，这是资本运动的属性和规律。为了实现微利性，我们采用刘仁伍（2002）构建的金融发展可持续性的量化评估模型。在模型中首先构建了面对特征各异的金融机构的金融结构健全性指数（Financial Structure Soundness Index，FSI）

$$FSI = \omega_{Fii}FIi + \omega_{FIni}FIni + \omega_{FMi}FMi + \omega_{FCi}FCi$$

式中，金融工具指数（FIi）、金融机构指数（$FIni$）、金融市场指数（FMi）、金融制度指数（FCi）的权重分配为 $\omega = \{\omega_{Fii}, \omega_{FIni}, \omega_{FMi}, \omega_{FCi}\} = \{0.15, 0.35, 0.2, 0.3\}$。

可持续金融发展指数（Sustainable Financial Development Index，SFDI）等于金融结构健全性指数（FSI）乘以金融发展系数（Financial Development Coefficient，FDC），即

$$SFDI = FSI \cdot FDC$$

$$FDC = \omega_{FMC}FMC + \omega_{FEC}FEC + \omega_{FIEA}FIEA$$

式中，宏观金融调控指数（FMC）、金融风险控制因素（FEC）、金融制度环境因素（$FIEA$）的权重分配为 $\{\omega_{FMC}, \omega_{FEC}, \omega_{FIEA}\} = \{0.5, 0.3, 0.2\}$。

表 1　金融可持续发展评估标准

FDC	<0.6	≥0.6
金融持续发展评估	不可持续发展	可持续发展

综合使用两种计量模型，我们构建起公共金融保本和可持续统一性的模型，从而衡量公共金融在运作过程中的可测量的指标，筛选出不符合这一特性的资金融通形式，从而圈定公共金融的研究范围。

学者和实际部门一直探索通过市场机制寻求将创造积极社会价值与经济上合理财务回报相结合的合法依据、投资逻辑及具体模式（Lehner 和 Nicholls，

2014）。多角度衡量社会发展体系的出现，促使现有的金融体系将社会责任纳入自身总体战略部署中，将衡量环境、社会等内容的标准整合到金融资源投资项目筛选过程，在某些领域甚至旨在创建和追求积极的社会影响，较少或不考虑财务回报（Geobey et al. ，2012）。公共金融投资者将金融资源投入到产生社会价值的企业和基金中，在获得经济回报的同时，也提供了公共服务，为社会贡献新价值（Geobey et al. ，2012）。

3. 公共金融基本组成要件

公共金融的界定与理论基础、发展历程和固有特征有着密不可分的联系，存在着内在一致性。学者们也努力探索规范化的公共金融体系，从而为引导和重新定位金融资源配置方式和方向提供理论基础，以解决社会问题并实现公共利益最大化（Wiggan，2018）。

3.1　公共金融实现要素

公共金融资本配置所产生的积极社会效应，目的是确保各类资源以保证当代人生活质量基础，同时为所有后代人共享（Balkin，2015；Lagoarde - Segot，2015）。公共金融体系包含众多要素，本文主要从参与主体、资金来源、融资工具等三方面进行归纳分析。

1. 参与主体。公共金融的参与主体主要是从资源配置的供给侧进行研究，需求侧主要是强位弱势等社会公共所涉及的群体。由于受社会责任和财务回报的融合价值引导，承担社会功能金融的实施主体可以是商业机构组织，也可以是非营利性机构组织。商业机构组织在进行社会公共投资的过程中虽然承担了较大的商业风险，但是在社会责任影响力方面得到了补偿；非营性机构组织在进行社会公共投资的过程中，融合价值中的社会影响力得到满足，同时能够在不过度依赖捐赠和赠款的情况下进行可持续发展（Geobey et al. ，2012）。Affleck 和 Mellor（2006）从更为具体的参与者进行分析，认为参与者主要有政府、社会企业（Social Enterprise）、非营利性组织、商业机构以及特殊个人或人群。政府参与公共金融主要通过科学、经济、高效的金融资源配置方式，限制管理成本，提供社会公共服务，完成纳税人的受托责任。社会企业是连接社会责任目标和市场的桥梁，可被定义为具有社会目的的市场交易企业，它们使用金融商业工具和技术实现社会目标，通过精心构建投资组合，实现使命愿景、风险规避和财务回报的均衡。具体的特殊个人或人群，主要关注点在于他们认为在公共金融领域开展业务是有趣的投资机会，有足够的信息和机会来参与公共事务，甚至参与制定社会有关标准，实现个人创造积极社会影响的理想抱负，也可取得可观的经济回报（Lehner 和 Nicholls，2014）。个人投资者在社会公共领域发挥的作用很少有学术予以关注和研究，但实践和早期研究发现，对于个人投资的能力，存在巨大潜力有待挖掘（Firth，2012）。公共金融的调控和监管部门尚处于按照金融类型的分散式调控和监管，缺乏明确统一的监管部门。

2. 资金来源。Achleitner 等（2014）从内外部渠道对资金来源进行了分析，内部渠道主要是企业在服务公共领域过程中产生的现金流；外部渠道主要是股权资本、债务资本、夹层资本、公益捐赠等。股权资本可以通过家庭和朋友、创始人本人等非正式资金来源提供；也可以通过更正式的资金来源提供，比如专门为社会企业融资的商业天使基金或社会风险投资基金；债务资本由银行或社会投资者提供；夹层资本具有债务资本和股权资本的特征，由股权或债务投资者提供，捐款或由基金会或由个人以金钱或非金钱形式提供，包括志愿或实物捐助，结合赠款和传统金融手段的社会企业混合工具得到了发展，可收回赠款、可转换赠款或可原谅贷款就是这些混合融资工具的例子，只有在特定的情况和结果下，这些工具才具有偿还义务；社会部门通过混合融资工具提供的资金由社会投资者提供。其他学者从更为详细的角度分析了公共金融领域的融资来源。Artis（2017）指出，社会公共融资（Social and Solidarity Finance）收集私人和公共的储蓄，也接受补贴和捐赠资金。Lehner 和 Nicholls（2014）提出，在公共金融领域，由于预期收益率存在很大差异，资金来源也多样化，包括银行、公共机构、慈善机构和个人所筹集到的资金。Balkin（2015）认为，养老金作为最有影响力的资金，在推动公共金融影响力和金融资本配置方面将发挥至关重要的作用。从学者们的研究可以发现，公共金融的资金来源较传统金融更加广泛，充分调动了一切可以调动的资源，为公共金融提供资金服务。

3. 融资工具。公共金融的参与主体和资金来源的多样性，决定了公共金融的融资工具和形式不拘泥于一种或者几种金融市场的形式。传统金融市场中资产市场的债券股票、投资基金等，货币市场中的短期贷款、票据、短期融资债券等，衍生品市场中的期货、期权，以及互联网金融、区块链金融等新兴金融形式，都可以纳入公共金融融资工具范畴。传统金融的融资工具本身并不具有任何盈利性等属性，这些融资工具都为满足社会需要而不断创新和发展。这些融资工具可以为公共金融的具体运作提供可行性和操作性。传统融资工具已经被商业性金融证明了其合理性和广泛实用性。公共金融在使用这些传统融资工具时，有可能出现按照传统金融思路运行，对公共金融的服务对象、方式等存在难以耦合的可能性。融资工具是金融运行的必备载体，由于公共金融独有的特征，现阶段使用已有的融资工具有局限性和历史性，需要依据公共金融体制机制进行融资工具创新，以更好地满足公共金融体制机制运行需要。

3.2 公共金融运行机制

公共金融特殊的目标和使命，造就了其不同于传统金融的运行机制，可实现社会进步和财务回报（Affleck 和 Mellor，2006）。公共金融的运行机制可以从纵向机制和横向机制进行分析研究。

1. 纵向机制。宏观纵向机制为：首先，进行金融投资组合的选择；其次，在社会实践系列活动中，开始具体运作，并对社会产生影响；最后，对社会影响进行测评，以便更好地了解具体运作效果，从而进一步深化各个参与群体对公共金融的理解，为以后参与公共金融提供正确的理论并指导做出更明智的决策（Geobey et al.，2012）。自适应循环是这种投资逻辑的典型代表。自适应循环是一个四阶段模型，开发和保护是“前循环”，在开发阶段，社会和金融元素之间开始时几乎没有联系，但这些元素均能获取资源，并逐渐连接，互联性逐步得到提高；这时系统进入保护阶段，社会和金融元素之间连接紧密且高效运作。然而，这可能导致系统刚性和崩溃风险，促使社会和金融元素进入释放和重组的“后循环”阶段。在释放阶段，系统元素之间的连接消失，生产力下降；接下来是重组阶段，其特点是新意识出现，其中风险释放后，将根据新意识的特征，采取相适应的行动，从而回到前循环的开发阶段（Geobey et al.，2012）。微观纵向机制为：Spiess - Knafl 和 Aschari - Lincoln（2015）认为公共金融主要的承载主体为社会企业，从社会企业的发展阶段纵向论述公共金融逻辑，考虑社会企业的最优融资结构，不同阶段需要不同类型的融资。将赠款等慈善资本作为第一生命周期阶段，重点放在社会企业的组建和创新。然后将股权或债务资本作为第二生命周期阶段，促进社会企业规模扩大，一旦社会企业处于发展后期建立起来的阶段，债务资本和股权资本对社会企业来说可能更可行。

2. 横向机制。具体的横向机制为：第一种是建立在公共福利基础上的，重点是创造积极社会影响；第二种是建立在经济利益基础上的，旨在获得投资回报；第三种侧重于产生融合价值，即在解决公共领域需求和挑战的同时也取得一定的经济利益，从价值驱动视角，可区分为经济目的驱动、社会影响力驱动或融合价值驱动，融合价值的典型例子为公共金融（Emerson，2003；Porter 和 Kramer，2007；Nicholls，2010）。学者们通过对爱尔兰、意大利和英国进行调研，对公共金融的制度化模式进行探讨，实证研究了公共金融在组织层面、组织间层面和制度层面的制度形成，分析强调社会影响和道德两种要素在引导公共金融的制度化和范式建设的进程的作用（Rizzi et al.，2018）。公共金融在横向逻辑上的创新，决定了公共金融的工具和交易结构，以至于挑战了传统主流投资理论和传统慈善惯例（Nicholls，2010）。

3.3 公共金融功能

公共金融的功能发挥是其理论的社会实践意义所在。有学者认为公共金融的具体功能主要为：事先提供可能的投资信息并分配资金；提供资金后监督投资并实施公司治理；风险管理；调动和汇集储蓄；促进商品和服务的交换等（Nicholls，2010）。学者从一般程序的意义上对公共金融的功能进行了研究，公共金融有着明显区别于其他融资形式的特征，自然公共金融的功能也存在特殊之处。归纳公共金融功能，主要有补充性功能、选择性功能、服务性能这三类，这三类功能也是公共金融实现目标路径的关键所在。

1. 补充性功能。补充性功能主要是补充商业金融和财政发挥作用不足之处或者不提供融资服务的公共领域。在这一补充功能上，公共金融同政策性金融具有相同之处。虽然就现有商业金融体系而言，已经着力于发展包容性金融，达到提高社会薄弱环节组织或个人的金融可获得性的目的，在具体执行上创新出小额信贷等服务社会贫困弱势群体的新业务，小额信贷被认为是世界上消除贫困最具创新力的金融创新之一。但诸如战争、疾病、灾难等问题，由于存在较大不确定性，商业性金融参与不符合规律和自身利益，为这些世界性难题提供融资支持依旧存在很多障碍。为解决这些公共性难题，国际社会也成立了诸如世界银行等组织，提供公共领域融资。Schwerhoff 和 Sy（2017）认为世界银行和非洲开发银行这样的国际金融组织在减少不平等，缓解金融排斥，提高贫困消费者生活水平等方面做出了积极贡献。公共金融在全球公共领域发挥着商业性金融不可替代的补充性作用（Hillman，2002）。

2. 选择性功能。选择性功能主要是指公共金融根据目标进行主动选择融资以实现目的和意图的职能。公共金融的主动融资主要根据市场机制的资源分配结果进行动态调整。对于重要的公共基础领域，如果市场机制能够满足融资需求，则公共金融不进入该领域；如果市场融资主体不能满足融资需求，则有公共金融进行支持。比如，国际项目、国家战略和重大基础设施建设等领域，通常具有以下特点：对私人投资者来说，成本太高、时间长；公共部门比私人投资者更了解创新项目所涉及的风险，如无法吸引商业或者私人投资等。需要金融适时创新出开发性金融机构和政策性金融机构等中介，创新出具有社会影响力的债券等工具提供金融服务。具有代表性的有日本建立的开发银行、北海道东北开发金融公库、冲绳振兴开发金融公库三家开发性金融机构，它们为实现国家重点领域发展，积极提供开发性金融资源。目前全球已有400多家开发性金融机构，为振兴本国或者世界经济特殊时点服务。有学者提出科技创新领域作为国家重点领域之一，建议当有关创新的商业吸引力较低时，公共金融资源应该专门给予支持（Carpenter 和 Petersen，2002）。并对公共金融在科技创新方面发挥作用进行了深入研究，认为科技创新属于风险较大的领域，各个阶段都需要公共金融予以支持，可以采取股权投资、公共基金、信贷支持等方式，向各类型科技创新企业进行投资（Wang 和 Thornhill，2010），有学者研究认为公共贷款最适合对大型创新企业在开发和示范的后期阶段进行金融资源支持（Bloch 和 Development，2012），并且学者也实证了金融支持这些创新活动能够得到合理的财务回报（Olmos et al.，2012）。

3. 服务性功能。服务性功能主要是指公共金融在具体的运行实践过程中，根据实践所积累的理论和专业知识，为服务对象和决策机构提供政策咨询和评价等职能。公共金融涵盖了金融市场的大多数专业领域，提供了良好的沟通平台和交流机制，能够降低社会交易成本，有针对性地解决逆向选择和道德风险，从经济角度提供了良好的信息服务功能。同时，公共金融的服务对象主要是公共领域，政策决策层在制定公共政策时，可以充分利用公共金融的服务实践和知识，为决策层有关基础产业等国家重大发展战略的制订提供评估。在服务性功能方面，比较突出的有绿色金融。20 世纪 60 年代，罗马俱乐部探讨了关系人类发展前途的人口、资源、粮食和生态环境等一系列根本性问题。随后，发表了著名研究报告《增长的极限》，提出“地球已经不堪重负，人类正在面临增长极限的挑战，各种资源短缺和环境污染正威胁着人类的继续生存。”“先污染、后治理”的发展模式阻碍了经济的可持续发展，发达国家意识到经济发展要走可持续发展道路。2003 年，花旗银行、巴克莱银行、荷兰银行、西德意志州立银行等 10 家银行宣布实行赤道原则，考虑社会责任的投资原则也成为投资领域流行趋势，逐步将社会责任纳入投资结果考量，国际社会也逐步达成共识（Hall et al.，2018）。目前，绿色金融已经在各国制定经济发展政策和环境保护决策方面发挥着举足轻重的作用，吸收和借鉴公共金融所采取的政策措施和建议。

3.4 公共金融影响因素

公共金融受经济发展程度、金融生态以及社会政治环境等因素的综合影响（Chhetri et al.，2012）。学者们认为公共金融是新领域，需要了解公共金融发展的影响条件和约束，才能为公共金融更好地发展奠定基础。发达国家公共产品供给经验表明，公共金融作为公共产品，由于各方参与者的多样化，许多因素都具有一定影响力，具体包括政治文化环境、组织发展程度等（Moore et al.，2012）。

1. 政府制度政策。金融创新除了受自身经济规律影响外，还受国家的法律制度、文化和金融传统体制机制等软环境制约（Kunt 和 Maksimovic，1998；Porta et al.，2012）。政府政策的干预是金融部门低效的解决方案（Stiglitz，1991），有学者认为只有将公共金融融入国家的金融体系，才能充分发挥其潜力，政府应提供更有吸引力的市场参与计划，提供支持性的政策环境，并制定保护公共金融参与主体合法利益的规则。公共金融还需要强大的服务机构以及拥有自动稳定的资本金来源、管理人才等（Lehner 和 Nicholls，2014）。英国政府为创造有利的公共金融投资环境，采取了大量的政策扶持措施。比如，减税刺激公共金融投资，建立新的金融中介机构和基金，建立一整套完善的提供信息、政策咨询和指导体系。并从金融服务公共社会效果的角度，对公共金融进行支付、评价和考核，这项政策成为塑造公共服务提供者行为和追求责任的主要手段，促使公共金融市场理性化发展（Edmiston 和 Nicholls，2017）。同时，发挥公共金融以市场主导、国家适度干预为手段和实施以人的福利为核心在解决公共政策中的作用（Wiggan，2018）。孟于群和杨署东（2018）提出了公共物品的加总技术（见表 2），相对应地可以针对不同类型的公共金融需求，进行制度安排。

表 2　公共金融的加总技术

类型	问题	制度安排
匀质加总技术（可替代性）	“搭便车”成本分担	需引入具有强制性约束力的法律制度。如贫富不均问题、国家安全问题等
最弱环节技术（弱者影响整个集体的供应水平）	“逆向选择”成本分担	无须引入强制性法律制度。如公共安全、社会稳定等
最优注入技术（主要由社会强势群体供给）	“搭便车”产品供应的垄断成本分担	无须引入法律制度。如科学基础研究等
权重加总技术（不可替代性）	“搭便车”成本分担	可引入强制性（或非强制性）法律制度。如污染防治等

2. 金融生态环境。公共金融市场的碎片化状态，缺乏法律依据和基本体制机制，没有统一的风险评估系统和评价工具等，制约着公共金融的生态环境（Lehner 和 Nicholls，2014）。英国的“大社会金融基金”（Big Society Finance Fund）对公共金融行业的状况进行了调查，发现缺乏有效的中介机构、基础设施和吸收能力构成了发展障碍，认为有必要将发展中介机构作为该行业基础设施的关键组成部分（Joy et al.，2011）。Achleitner et al.（2014）实证检验了不同的市场参与者在财务回报和社会影响上表现出不同的关注点、需求和动机，同时指出，融资来源和融资工具结构的多样化等之间的冲突，成为公共金融发展的阻力。因此，只有解决社会生态环境困境，才可能促进公共金融发展。

3. 社会文化情景。有学者提出将金融引入到社会领域，还有待检验其合法性和价值主张（Wirgau et al.，2010），还有学者对融合价值追求和实际效果的影响，持更为批判性的观点（Thompson et al.，2014）。现行主流金融文化扎根于经验现实主义，主要依赖于演绎方法，并通过计量经济学技术进行检验，主流金融文化在把握公共金融发展方面显得苍白无力。公共金融需要从认识论、本体论和方法论三方面重新构建体系，欧盟委员会专家组建议改变所有市场参与者的投资文化（Lagoarde - Segot，2015）。学者们认为需要消除文化和认知障碍，改善人们对提供公共服务的机构或产品无法产生财政回报的看法，打破商业追求和社会服务二元发展文化，创建公共金融互利互惠的发展理念（Moore et al.，2012；Artis，2017）。

3.5 公共金融的风险

与掌握传统金融风险一样，对公共金融而言，必须了解清楚公共金融投资领域存在的风险（Balkin，2015）。现有文献研究集中在公共金融的积极作用上，但有关其风险的文献却少得多。Adler 和 Kwon（2002）从三方面探索公共金融资本风险。

首先是金融风险。公共金融需要在建立和维持关系方面进行大量投资，而且，与任何昂贵的投资一样，投资在某些情况下可能不合算。其次是道德风险。在某些情况下，公共金融的权力利益可能会与其信息利益进行权衡。最后是社会风险。公共金融的社会效益可能会给参与者带来阻碍新思想和群体流入风险，导致狭隘主义和群体惰性的反效果。一般而言，我们计算将信息、影响等相关因素考虑在内的更为广泛的综合成本。为个人或较低级别的单位提供信息利益的中介可能会导致更广泛群体的公地悲剧，对不同公共领域投资的强烈认同可能导致更广泛的整体分裂，公民社会的联合活动可能会加深社会分裂。此外，在其他资产先前分配不平等的情况下，占支配地位的群体利用其社会资本可大大增强其支配地位，带来统治风险及机会成本。Geobey et al.（2012）从经济利益角度出发，讨论了支持金融创新的中介机构如何防范由金融模式创新带来了风险，提出由于公共金融参与者需要面临投资过程中的社会和环境等非金融因素之外的风险，更加需要构建公共金融风险防范体系，并提出公共金融最佳的风险防范路径应该包括内部化外部性和基于组合方法的迭代过程，从而促使公共金融参与各方在风险防范上都有规则可遵循。

公共金融风险防范缺少符合其模式的理论和工具，大多数研究也是基于已有的商业金融风险防范方式方法或者略有创新，不能满足公共金融风险防范的特色要求，需要创建一套具有公共金融特色的风险防范体系，这种风险防范体系应该包括金融投资风险和社会领域风险，金融投资风险防范的主要目的是保证公共金融的商业可持续，社会领域风险防范的主要目的是促进社会进步，防止出现由公共金融投资社会公共领域所带来的新的社会问题。

3.6 公共金融评价体系

随着公共金融的发展和社会各界对其关注度的增加，对公共金融实施效用评定也是很有必要的。但由于其自身发展时间短，评价指标尚未达成统一认识，未形成完整的体系。目前，具有参考价值的评价体系主要包括公共金融的影响力、投资收益和综合性指标考核以及其他松散的评价方法。

从公共金融的商业价值评价。公共金融效果评价更多是采用传统金融财务标准进行评判，通过判断公共金融是否具有商业价值，论证公共金融投资可行性（Spiess - Knafl 和 Aschari - Lincoln，2015），利用社会构建主义即对各个参与者进行建立在传统会计准则基础上的考量，有利于增加透明度和证明其所创造的价值（Rotheroe 和 Richards，2007）。

从公共金融的社会价值评价。对公共金融资源来说，其自身的可持续性被视为核心要义，可持续性不仅包括有足够的资源、效率及能力来确保其履行使命和持续发展，还应该考虑管理能力、内部治理、战略思维、创新能力、透明度和责任等变量（Salvado，2011）。Lagoarde - Segot（2015）则指出需要重新修订以会计价值为基准的决策机制，发现新价格，用于调整资源配置，建立跨期的体现长期社会正外部性价值的标准。

从公共金融的商业价值和社会价值融合评价。学者已经注意到分别关注商业和社会回报存在缺陷，因此将注意力转移到公共金融的融合价值效果评价。Brest & Born（2013）认为金融在社会领域可以使社会效益和商业回报兼得，应从资金供给方影响力、社会需求方影响力、第三方影响力三个基础性指标进行效果评价，资金供给方影响力指提供产品或服务过程中对自身所产生的价值，社会需求方影响力指提供产品或者服务过程中对社会所产生的价值，第三方影响力指在整个提供服务的过程中，非过程参与者对参与者所提供的各类支持。有的公共金融效果评价也依据投资商业价值和社会价值目的是否达到预期效果（Nicholls，2010）。社会投资回报（Social Return On Investment，SROI）评价体系，在这一领域的作用日益突出（Lehner 和 Nicholls，2014），这种评价体系融合了商业和社会两种指标体系，更能够反映出公共金融的目标和特征。社会投资回报是一种计算社会影响价值的方法，基于利益相关者参与的原则：清晰的变革理论、重要的评估、物质性、方法稳健性、透明度和实证等，具体计算方法为利益净现值与投资净现值之比。

从公共金融的影响力角度效果评价。对公共金融进行全流程影响力评价，可以直观感受公共金融的效果。目前，主要有全球社会影响力投资评级体系（Global Impact Investing Rating System，GIIRS）。这种体系是第三方对企业与投资基金的社会与环境影响力进行综合评估的体系，包括：基金经理评估（Fund Manager Assessment）、影响力运营评级（Impact Operations Rating）以及影响力模式评级（Impact Model Rating）。为对公共金融综合影响力进行评价，Balkin（2015）提出了6E 模型的独特评价框架，6E 模型具体为经济状况（Economics）、就业（Employment）、赋权（Empowerment）、教育（Education）、道德（Ethics）和环境（Enviroment），公共金融在社会领域的投资组合如果能取得较好的经济收入，创造更多的就业机会，塑造参与者良好的权利，提升参与者教育素养，践行积极的价值观念和道德标准，产生积极的环境影响，则被认为是一项较为成功的公共金融投资组合，如果依据此标准进行评判，较少满足或者不能满足，则认为一定程度或完全不符合公共金融投资组合标准。

学者从公共金融的不同角度探讨了效果评价，但公共金融的测量和核算的本质和合法性在某种程度上难以被广泛接受，使用不同的度量集来比较公共金融的效果是很困难的，不同角度的评价体系为公共金融的发展质量带来了一定障碍，无法形成统一的评价体系，就不能形成统一的市场，公共金融的社会参与程度也会受到影响，未来公共金融效果评价体系，还需在现有提出的效果评价体系的基础上，以目标的实现为着力点，构建全流程效果评价。

4. 评论和展望

历史实践已经充分证明，尤其是 2008 年国际金融危机后，决策层和经济学理论界普遍意识到，金融完全依靠市场手段是危险的，如何在市场决定的前提下有效发挥“有形之手”，让金融发挥更大作用，是理论和现实的需要。好的金融制度能够为更大比例的人口提供金融服务，而不是将资本限制在根深蒂固的现有体制中。通过改善金融资源配置方式可以促进创业精神、新企业的形成和经济增长。公共金融理论的产生，丰富了金融理论体系，能为现有的金融模式改革提供指引。

4.1 公共金融行为评论

第一，本文通过研究公共金融的理论基础、历史发展历程和固有特征，指出公共金融理论中投资创造了就业机会，促进了社会公平，同时产生了乘数效应，为政府带来了更多的税收收入，投资者在公共金融领域取得财务回报，之后会通过消费和再投资形式进入生产领域，在合理的财务回报支持下，将会产生更加积极的社会影响，形成良性循环，这也是公共金融的核心要义。

第二，依据公共金融的内涵，对公共金融的要素、运行机制、影响因素、风险防控以及评价等各方面进行了详细的阐述，为学术界进一步了解公共金融提供了参考。在阐述公共金融的核心内容的过程中，始终离不开公共金融的目标和特征，一切公共金融的内容都服务于公共性的目的。从梳理的文献中，可以发现，公共金融业已成为金融的主流研究内容之一，自然而言，公共金融的核心内容也在不断补充和完善。

第三，公共金融作为一种新的理论，虽然是在财政学、伦理学、金融学等社会学科的基础上拓展而来的，借鉴和吸收了其他社会科学的优秀成果。但总体来看，公共金融仍处于初步发展阶段，尚未形成统一的认识，缺乏规范的表述和标准，这也限制了公共金融的理论研究。

4.2 公共金融研究展望

目前，虽然国外学术界已经对公共金融的发展予以重点关注和广泛讨论，有证据表明，公共金融在同一时期产生了高达6%的财务回报，会吸引越来越多的投资主体给予关注。从国内对公共金融的学术研究来看，自从十多年前吴美华、张艳伟（2006）撰文介绍国外的“新公共金融”理论以来，对公共金融的研究几乎销声匿迹，目前仍处于起步阶段。随着中国公共金融实践的蓬勃发展，近年来才逐步意识到公共金融理论研究的重要性和迫切性，但专门的文献也不足10篇。

公共金融既是政策性金融理论创新的突破口（王伟，2015），也是中国金融未来的发展方向（秦伟新，2018），并有可能为未来全球经济增长提供一个关键要素，促使社会公共领域得到更好发展。这使得公共金融作为一项研究对象，显然具有光明的前景，并将逐渐发展成为金融学领域中充满生命力的一门交叉学科。让公共金融大众化，使各方利益相关者都能参与进来，并提高公共金融效率，健全和完善公共金融体系，塑造公共金融的认识论边界、制度逻辑和运作规范，这是吸引主流资本的基本方法，也是公共金融目前所面临的理论问题和现实问题的解决之道。在未来的公共金融理论发展过程中，以下几个方面值得深入探讨：

第一，理论层面需要进一步升华和提炼。公共金融理论作为一个年轻而小众的研究领域，还没有形成完整的理论体系，需要进一步优化和发展公共金融的理论框架，填补空白专业方向。虽然，公共金融的理论基础是财政学、伦理学、金融学等社会学科，但各个学科都有独特的研究假设、范式和规律，对于公共金融的理论基础、特有功能、作用机制、专门立法等理论与实际问题，需要进一步理顺和创新，继而构建一套完整的公共金融理论，并使得公共金融的内容、形式和目标形成内在的统一性，这是现在公共金融研究最为紧迫性的问题，也是不能回避的问题。

第二，实证研究的特殊性和难点。公共金融的实证研究同金融学其他研究一样，具有指导社会实践的重要意义。公共金融的实证研究具有特殊性，主要表现在公共金融的服务对象是社会公共领域，对公共领域的实证研究，能够扩大公共金融的知名度和社会参与度，同时，由于公共领域的政策具有不可逆性，对公共金融进行理论上的研究，能够避免不必要的政策机会成本，促使公共金融政策的出台更加具有针对性和说服力。公共金融由于发展历程较短和标准不一，缺乏公开数据和建立在数据基础上的实证研究，目前的大多数研究仍停留在政策层面或者实践总结，整体研究水平还处于较低层次。在公共金融实践中，社会整体参与力量较为薄弱，政府在公共金融领域的引导作用没有得到充分发挥，公共金融实现的具体路径也没有统一的方法，取决于投资者对此领域的认知。

第三，政策实施方面的挑战性。公共金融的服务对象是社会公共领域，一国范围内，公共领域的群体在社会阶层上主要处于弱势地位，整体社会话语权低。国际上，发展中国家对公共金融的需要程度远远大于发达国家，在目前发达国家主导的国际社会经济组织中，促使发达国家积极支持公共金融政策的出台，面临着较为严峻的形势。另外，公共金融的参与主体的广泛性、内容形式的多样性等也为公共金融不同利益者实施政策或措施带来了较大障碍。

第四，构建中国特色公共金融理论体系。中国是社会主义国家，中国共产党的施政纲领和政府服务目标，同公共金融具有内在的一致性，中国在发展公共金融理论方面具有天然的优势。我国学术界需要结合我国金融发展实践，尤其是改革开放40年的金融改革，提炼出基于中国金融实践的有中国特色的公共金融理论，提升中国公共金融的学术自信和国际话语权。

参考文献

[1] 白钦先. 再论以金融资源论为基础的金融可持续发展理论——范式转换、理论创新和方法变革［J］. 国际金融研究，2000（2）.

[2] 白钦先，王伟. 政策性金融可持续发展必须实现的“六大协调均衡”［J］. 金融研究，2004（7）.

[3] 孟于群，杨署东. 国际公共产品供给：加总技术下的制度安排与全球治理［J］. 学术月刊，2018（1）.

[4] 秦伟新. 公共金融是中国金融未来的发展方向［J］. 南方金融，2018（11）.

[5] 万俊人. 论道德目的论与伦理道义论［J］. 学术月刊，2003（1）.

[6] 吴美华，张彦伟. 基于全球框架的新公共金融理论［J］. 金融研究，2006（12）.

[7] 王伟. 中国政策性金融理论演进与创新研究［J］. 金融理论与实践，2015（3）.

[8] 朱柏铭，俞洁芳. 公共金融：概念界定与框架勾勒［J］. 中国金融学，2018（19）.

[9] Achleitner, A. K. et al. The financing structure of social enterprises: conflicts and implications［J］. *International Journal of Entrepreneurial Venturing*, 2014, 6（1）: 85-99.

[10] Adler, P. S. & S. W. Kwon Social Capital: Prospects for a New Concept［J］.

Academy of Management Review, 2002, 27 (1): 17 - 40.

[11] Affleck, A. & M. Mellor. Community Development Finance: A Neo - Market Solution to Social Exclusion? [J]. *Journal of Social Policy* , 2006, 35 (2): 303 - 319.

[12] Appleyard, L. Community Development Finance Institutions (CDFIs): Geographies of financial inclusion in the US and UK [J]. *Geoforum* , 2011, 42 (2): 250 - 258.

[13] Artis, A. Social and solidarity finance: A conceptual approach [J]. *Research in International Business and Finance* , 2017, 39: 737 - 749.

[14] Balkin, J. Investing with impact: why finance is a force for good [J]. *International Journal of Cancer Journal International Du Cancer*, 2015, 119 (6): 1268 - 1275.

[15] Beck, T. et al. Financing patterns around the world: Are small firms different? [J]. *Journal of Financial Economics* , 2008, 89 (3): 467 - 487.

[16] Bloch, C. & S. Development. Additionality of public R&D funding for business R&D dynamic panel data analysis [J]. World Review of Science Technology & Sustainable Development, 2012, 9 (2 - 4): 204 - 220.

[17] Brandstetter, L. & O. M. Lehner. Opening the Market for Impact Investments: The Need for Adapted Portfolio Tools [J]. *Entrepreneurship Research Journal*, 2015, 5 (2): 87 - 107.

[18] Brest, P. & K, Born. When Can Impact Investing Create Real Impact? *Stanford Social Innovation Review*, 2013, 11 (4): 22 - 31.

[19] Butler, A. W. & J. Cornaggia. Does access to external finance improve productivity? Evidence from a natural experiment [J]. *Journal of Financial Economics*, 2011, 99 (1): 184 - 203.

[20] Carpenter, R. E. & B. C. Petersen. Capital Market Imperfections, High - Tech Investment, and New Equity Financing [J]. *Economic Journal*, 2002, 112 (477): 54 - 72.

[21] Carlin, W. & C. Mayer. Finance, investment, and growth [J]. *Journal of Financial Economics*, 2003, 69 (1): 191 - 226.

[22] Chhetri, B. et al. The public finance potential of community forestry in Nepal [J]. *Ecological Economics* , 2012, 73: 113 - 121.

[23] Cornée, S. et al. Credit Relationships: Evidence from Experiments with Real Bankers [J]. *Journal of Money Credit & Banking*, 2012, 44 (5): 957 - 980.

[24] Dowling, E. In the wake of austerity: social impact bonds and the financialisation of the welfare state in Britain [J]. *New Political Economy* , 2016, 22

(3): 294 -310.

[25] Edmiston, D. & A. Nicholls. Social Impact Bonds: The Role of Private Capital in Outcome - Based Commissioning [J]. *Journal of Social Policy* , 2017, 47 (1): 57 -76.

[26] Elliott, J. E. Schumpeter and the theory of capitalist economic development [J]. *Journal of Economic Behavior & Organization* , 1983, 4 (4): 277 - 308.

[27] Emerson, J. The Blended Value Proposition: Integrating Social and Financial Returns [J]. *California Management Review* , 2003, 45 (4): 35 -51.

[28] Fatemi, A. M. & I. J. Fooladi. Sustainable finance: A new paradigm [J]. *Global Finance Journal*. 2012, 24 (2): 101 -113.

[29] Firth, N. Crowd funding successes show value of small donations [J]. *New Scientist*, 2012, 213 (2858): 22.

[30] Geobey, S. et al. Enabling Social Innovation through Developmental Social Finance [J]. *Journal of Social Entrepreneurship*, 2012, 3 (2): 151 -165.

[31] Gozzi, J. C. & S. Chmukler. Public credit guarantees and access to finance [J]. Warwick economics research papers series Working Paper No. 1122, 2016.

[32] Hall, S. et al. Finance and justice in low - carbon energy transitions [J]. *Applied Energy*, 2018, 222: 772 -780.

[33] Henriksen, L. S. et al . At the Eve of Convergence? Transformations of Social Service Provision in Denmark, Germany, and the United States [J]. *VOLUNTAS: International Journal of Voluntary and Nonprofit Organizations*, 2012, 23 (2): 458 -501.

[34] Hillman, A. L. The World Bank and the persistence of poverty in poor countries [J]. *European Journal of Political Economy*, 2002, 18 (4): 783 - 795.

[35] Joy, et al. *Understanding the demand for and supply of social finance* [J]. London: NESTA, 2011.

[36] Kaul, I. & P. Conceição. *The new public finance : responding to global challenges* [M]. Oxford: Oxford University Press, 2006.

[37] Kerlin, J. A. & N. Organizations. A Comparative Analysis of the Global Emergence of Social Enterprise [J]. *VOLUNTAS: International Journal of Voluntary and Nonprofit Organizations* , 2010, 21 (2): 162 -179.

[38] King, R. G. & R. Levine. Finance and Growth: Schumpeter Might Be Right [J]. *The Quarterly Journal of Economics*, 1993, 108 (3): 717 -737.

[39] Kunt, A. & V. Maksimovic. Law, finance, and firm growth [J]. *The Journal*

of Finance, 1998, 53 (6): 2107 -2137.

[40] Lagoarde - Segot, T. Diversifying finance research: From financialization to sustainability [J]. *International Review of Financial Analysis*, 2015, 39: 1 -6.

[41] Lehner, O. M. & A. Nicholls. Social finance and crowdfunding for social enterprises: a public - private case study providing legitimacy and leverage [J]. *Venture Capital*, 2014, 16 (3): 271 -286.

[42] Levine, R. Financial development and economic growth: Views and agenda [J]. *Journal of Economic Literature* , 1997, 35: 688 -726.

[43] Adelino, M. et. al. The Economic Effects of Public Financing: Evidence from Municipal Bond Ratings Recalibration [J]. *The Review of Financial Studies* , 2017, 30 (9): 3223 -3268.

[44] McKay, S. et al. The Marketisation of Charities in England and Wales [J]. *Voluntas International Journal of Voluntary & Nonprofit Organizations*, 2015, 26 (1): 336 -354.

[45] Monroy, C. R. & A. S. Hernández. Main issues concerning the financing and sustainability of electrification projects in rural areas: international survey results [J]. *Energy for Sustainable Development* , 2005, 9 (2): 17 -25.

[46] Moore, M. L. et al. The Social Finance and Social Innovation Nexus [J]. *Journal of Social Entrepreneurship*, 2012, 3 (2): 115 -132.

[47] Nicholls, A. *Social entrepreneurship: new models of sustainable social change* [M]. Oxford: Oxford University Press, 2006.

[48] Nicholls, A. The Institutionalization of Social Investment: The Interplay of Investment Logics and Investor Rationalities [J]. *Journal of Social Entrepreneurship* , 2010, 1 (1): 70 -100.

[49] Olmos, L. et al. On the selection of financing instruments to push the development of new technologies: Application to clean energy technologies [J]. *Energy Policy* , 2012, 43: 252 -266.

[50] Pintelon, O. et al. The social stratification of social risks: The relevance of class for social investment strategies [J]. *Journal of European Social Policy*, 2013, 23 (1): 52 -67.

[51] Porter, M. E. & M. R. Kramer. Strategy and Society: The Link Between Competitive Advantage and Corporate Social Responsibility [J]. *Harvard business review*, 2007, 84 (12): 78 -92.

[52] Porta, R. L. et al. Legal Determinants of External Finance [J]. *The Journal of Finance* , 2012, 52 (3): 1131 -1150.

[53] Rizzi, F. et al. The structuring of social finance: Emerging approaches for sup-

porting environmentally and socially impactful projects [J]. *Journal of Cleaner Production* , 2018, 170: 805 – 817.

[54] Rotheroe, N. & A. Richard. Social return on investment and social enterprise: transparent accountability for sustainable development [J]. *Social Enterprise Journal*, 2007, 3 (1): 31 – 48.

[55] San – Jose, L. et al . Are Ethical Banks Different? A Comparative Analysis Using the Radical Affinity Index [J]. *ournal of Business Ethics*, 2011, 100 (1): 151 – 173.

[56] Schinckus, C. Financial innovation as a potential force for a positive social change: The challenging future of social impact bonds [J]. *Research in International Business and Finance*, 2017, 39: 727 – 736.

[57] Schwerhoff, G. & M. Sy. Financing renewable energy in Africa – Key challenge of the sustainable development goals [J]. *Renewable and Sustainable Energy Reviews* , 2017, 75: 393 – 401.

[58] Spiess – Knafl, W. & J. Aschari – Lincoln. Understanding mechanisms in the social investment market: what are venture philanthropy funds financing and how? [J]. *Journal of Sustainable Finance & Investment* , 2015, 5 (3): 103 – 120.

[59] Stiglitz, Joseph E. The invisible hand and modern welfare economics [R]. NBER Working Paper No. W3641, 1991.

[60] Thompson, P. et al. Taking Your Eyes Off the Objective: The Relationship Between Income Sources and Satisfaction with Achieving Objectives in the UK Third Sector [J]. *VOLUNTAS: International Journal of Voluntary and Nonprofit Organizations*, 2014, 25 (1): 109 – 137.

[61] Wang, T. & S. Thornhill. R&D investment and financing choices: A comprehensive perspective [J]. *Research Policy*, 2010, 39 (9): 1148 – 1159.

[62] Weerawardena, J. & G. Sullivan Mort. Investigating Social Entrepreneurship: A Multidimensional Model [J]. *Journal of World Business* , 2006, 41 (1): 21 – 35.

[63] Westall, A. UK government policy and "social investment" [J]. *Voluntary Sector Review* , 2010, 1 (1): 119 – 124.

[64] Wiggan, J. Policy Boostering the Social Impact Investment Market in the UK [J]. *Journal of Social Policy*, 2018, 47 (4): 721 – 738.

[65] Wirgau, J. S. et al. Is Business Discourse Colonizing Philanthropy? A Critical Discourse Analysis of (PRODUCT) RED [J]. *VOLUNTAS: International Journal of Voluntary and Nonprofit Organizations*, 2010, 21 (4): 611 – 630.

[66] Young, D. R. et al. Defining the Universe of Social Enterprise: Competing Metaphors [J]. *VOLUNTAS: International Journal of Voluntary and Nonprofit Organizations*, 2014, 25 (5): 1307 -1332.
[67] Zeckhauser, R. Public Finance Principles and National Health Care Reform [J]. *Journal of Economic Perspectives*, 1994, 8 (3): 55 -60.
[68] Zingales, L. Presidential address: does finance benefit society? [J]. *The Journal of Finance*, 2015, 70 (4): 1327 -1363.

Review and Prospect of Theoretical Research on Public Financing

Wang Wei　Wang Pengfei

Abstract: From the perspective of innovative financial system and mechanism, the reform of financial supply side has become one of the important issues of concern to all sectors of society. Public finance has provided the direction for the future transformation and innovation of the financial paradigm, and has gradually developed into a cross - disciplinary subject with vitality and promising prospects in the field of finance. This paper focuses on the latest research literatures from abroad, from the definition of public finance, analyzes the basic components of public finance, systematically reviews the current public financial theory system, reviews and depicts the future development and research of public finance. direction. The research shows that the current theoretical research on public finance in foreign countries is generally in the initial stage of development, while the domestic is in its infancy. It is imperative to construct a public finance theory with Chinese characteristics to better provide Chinese financial ideas, initiatives, mechanisms and practices. Theoretical support to enhance the academic confidence and voice of China's public finance. At the same time, this paper also prospects the future research directions and key points in this field.

Key Words: Public Financing, Social Public Field, Theoretical System, Discipline Construction

上市商业银行同业业务与风险承担水平关系实证研究[①]

——来自面板工具变量法的证据

朱顺泉[②]　赖少钺[③]

摘　要　深入考察商业银行发展同业业务对银行风险承担水平的影响，以同业净资产/总资产综合衡量同业资产负债业务扩张净效应，基于面板工具变量，运用 2SLS 回归估计方法，实证进行检验，结果发现：(1) 同业净资产占比增加显著提高了商业银行风险承担水平。(2) 商业银行风险承担水平随着银行杠杆水平、股权集中度、不良贷款率的提高而增加，但随着资本充足率、资产规模和存贷款占比的提高而降低。“高风险高收益”假说没有得到实证检验。(3) 上市商业银行发展同业业务的风险承担影响机制为：同业业务期限错配和高杠杆运作方式，增加了商业银行总资产收益率波动率，从而降低了商业银行单位风险收益和单位风险的资本要求，提高了商业银行的破产风险概率，最终增加了银行风险承担水平。

关键词　上市商业银行　同业净资产　风险承担水平

1. 引言

2017 年 7 月全国金融工作会议顺利召开，标志着我国金融业正式进入严监管和防控金融风险的新纪元，同时也意味着我国金融业乱象已经受到国家的高度重视，金融风险成为当前阶段最大的风险来源。商业银行作为我国金融体系的主体，发挥着信用中介、支付中介与信用创造的功能，而且履行着金融服务的职能，对我国金融体系的安全与有效运作发挥着支柱作用，往往也是爆发金融危机的导火索，目前商业银行体系积聚的风险越来越大，引起了监管层、业界和学界的高度关注。

存贷业务是商业银行传统重要性业务，存贷利差收入是商业银行收入的最主要来源，然而伴随我国利率市场化加速，金融脱媒加剧，叠加经济新常态的多重影响，商业银行利差缩窄，利润增速放缓。为了寻找新的利润来源，银行

① 基金项目：广东省普通高校社会科学重点项目“基于大数据与人工智能的量化金融投资策略研究（2019）”。

② 朱顺泉，男，湖南邵东人，广东财经大学金融学院教授，管理学博士，主要研究方向为投资学与量化投资、金融工程、公司金融、金融市场。

③ 赖少钺，男，广东汕头人，广东财经大学金融学院硕士研究生，研究方向为投资学。

创新业务推陈出新，以同业业务、理财业务和表外业务为主导的新型业务在金融自由化的时代背景下如雨后春笋般茁壮成长。业务创新使银行走向多元化，但在分业经营的监管框架和差异化监管政策下，部分商业银行业务创新游走在监管的灰色地带，且逐渐演变成为规避监管和过度监管套利的乱象，商业银行同业业务正是这一乱象中最为严重的地方，且诱发了许多不良后果。原因有二：其一，商业银行同业业务不受债权风险和存贷比的限制，无须缴纳存款准备金，支撑了商业银行资产负债表的快速扩张（祝继高等，2016；肖崎等，2014）。其二，同业业务的操作方式以期限错配和高杠杆运作为支撑，容易引发流动性风险和金融机构间的传染性风险，发生系统性风险的概率增加（步艳红等，2014；廉永辉，2016）。

早期商业银行同业业务主要集中于同业拆借市场中，同业功能仅限于商业银行之间的拆借，解决银行短期流动性问题。随着金融创新的加速，规避监管的内在动力加强，商业银行以同业业务为突破口，不断进行业务扩张。按照《关于规范金融机构同业业务的通知》（以下简称127号文）对商业银行同业业务的定义，同业业务包括各种同业投融资业务，根据标的资产是否可在公开市场进行交易分为两大类：只能对接标准资产的同业业务和可以对接非标资产的同业投资，前者主要包括存放同业、拆出资金和买入返售金融资产等同业资产业务；以及同业存放、拆入资金和卖出回购等同业负债业务。127号文出台前，商业银行通过开展大量的买入返售业务来实现“信贷腾挪”，政策出台后，监管机构明确禁止买入返售对接非标，堵住了同业非标后门。然而在这场监管与规避监管的“猫鼠游戏”中，商业银行又快速地把各种同业非标业务转到应收款项类投资科目上，在同业负债规模不能超过总负债的三分之一的限制下，商业银行又纷纷发售同业存单来替代同业融资。全国金融工作会议后，严监管和防控金融风险成为主旋律，特别是涉及国计民生的银行业更是监管机构的重点关注对象，以银监会“三违反”“三套利”“四不当”专项治理工作和中国人民银行《2017年第二季度中国货币政策执行报告》中提出到2018年第一季度开始把规模超过5000亿元的商业银行同业存单业务纳入MPA同业负债考核等为标志，宣告了新一轮商业银行同业业务规范运作监管的到来。

2. 文献综述

目前对同业业务风险的研究主要集中在流动性风险与传染性风险的关系上。Allen et al.（2000）对银行间通过资产负债直接传染风险的机制进行了开创性研究。不同银行间市场的流动性冲击是不完全相关的，所以银行持有不同银行间流动性头寸以应对流动性冲击。当银行间市场没有出现总体不确定时，最优的风险共担配置机制是可实现的，然而这种融资机制是脆弱的。即使一个区域的小小流动性冲击，也能传染至整个经济体。传染的可能性严重依赖于银行间市场结构是否健全，完善的市场结构往往更加稳健。Iyer et al.（2011）发现同业关联性与风险传染存在一定的联系。研究发现，存在同业风险敞口的大型银行遭受突发的非系统性冲击时，对此家银行的风险敞口越大的银行，遭受存款挤兑的风险越高。此外，风险传染的程度与银行的基本情况有密切关系，基本情况越糟糕的银行，传染的程度越高。最后，他们还发现存活下来的银行之间的同业关联还会进一步扩散传染风险。Castiglionesi et al.（2015）分析了金融一体化对银行系统稳定性的影响。金融一体化允许不同地区的银行通过同业拆借市场来平滑本地流动性冲击，而且他们证明了，在某种条件下，金融一体化能促使银行减少手中持有的流动性资产，并将投资组合转向收益更高、流动性更低的资产。国内学者高宏霞等（2014）基于同业视角认为商业银行流动性风险形成的原因主要是期限错配，并给出了相应的政策建议。梁丽丽（2015）采用系统 GMM 对商业银行同业负债业务与流动性风险之间的关系进行了实证研究，结果表明同业负债业务与流动性风险呈“倒 U”形。廉永辉（2016）通过构建同业网络，在区分债权债务银行的前提下，发现同业网络中的风险传染是单向的，即债务银行风险会正向传递至债权银行。吴念鲁等（2017）通过构建基于机构的网络模拟模型，研究不同冲击下银行同业之间流动性风险的传染机制和后果，发现处于中心节点的银行违约后果最为严重，市场流动性收紧至阈值内将产生大规模机构违约。

关于同业业务与风险承担的关系的研究较少，研究尚不充分。罗中和缪海斌（2013）使用商业银行动态面板数据，运用 GMM 估计法，考察商业银行同业资产扩张对银行风险承担的影响。结果显示：同业资产扩张明显提高了银行风险承担水平，且其影响程度与经济增长、社会融资结构以及银行市场结构密切相关。翟光宇等（2015）对银行同业资产和经营风险进行了研究，发现两者存在正向联系，且股份制银行的表现更为明显。祝继高等（2016）主要分析了商业银行通过买入返售金融资产从事同业业务对风险的影响，实证研究发现，买入返售金融资产占比越高的银行，其破产风险越高，风险影响的渠道是通过降低银行总资产回报率，但在存贷比高的银行中，买入返售业务降低银行盈利能力的效力有所弱化。周再清等（2017）通过动态面板系统 GMM 的实证分析验证了商业银行同业资产的扩张可以显著提高银行的风险承担水平，且同业资产结构对银行风险承担行为的影响存在异质性，即传统同业资产业务降低了银行风险承担水平，而新兴同业资产业务则提高了银行风险承担水平，但由于后者的效应大于前者，因此同业资产扩张的风险总效应仍为正。

从上述文献梳理过程可发现，学者对同业业务的风险承担影响研究中没有考虑到同业业务自身发展与银行风险承担行为之间的内生性问题，本文基于内生性的考虑通过面板工具变量法对同业业务与风险承担之间的关系做出研究，进一步丰富了银行同业业务与风险承担关系研究的方法论。

3. 同业业务现状

分析 16 家上市商业银行 2007 年第二季度至 2017 年第一季度同业资产负债的总体规模和结构情况，以窥同业发展之势。

3.1 同业资产规模与结构特征

图 1 可见，2007 年第二季度，上市商业银行同业资产规模仅 1.68 万亿元，到 2017 年第一季度，上市商业银行同业资产规模高达 8.63 万亿元，不到十年时间同业资产规模增加 5.14 倍，年均复合增长率达 17.78%。同时从图中可看到，商业银行同业资产规模的增长期主要集中在 2007 年第二季度至 2014 年第二季度之间，自五部委联合发布 127 号文后（2014 年第第二季度），同业资产规模从顶点逐步滑落，说明规范同业业务的监管取得了明显的效果。

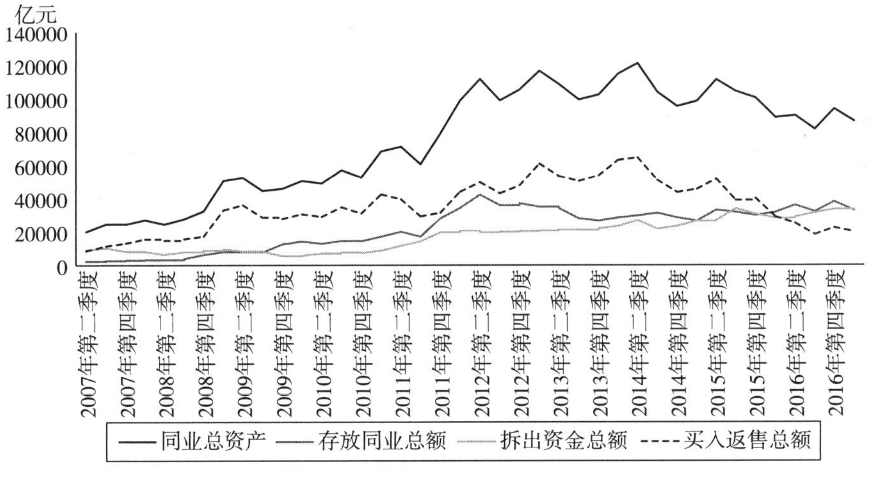

资料来源：上市商业银行年报。

图 1　上市商业银行同业资产规模及结构

从同业资产结构来看，在本文研究期间的起始阶段，存放同业、拆出资金和买入返售金融资产三者的规模差异较小，然而随着时间的推移，三者的走势出现分化。拆出资金和存放同业的走势大体上是一致的，呈稳步上升状态，买入返售金融资产在 127 号文出台前涨势迅猛，2014 年第二季度已突破 6 万亿元，超过同时期同业资产规模的 50%。然而随着同业监管的加强，特别是监管层严打买入返售信托受益权后，买入返售金融资产规模掉头下跌，2016 年第一季度，买入返售金融资产规模被存放同业和拆出资金所超越。127 号文对买入返售金融资产的影响最为明显，主要是因为 127 号文所指的各种非标信托受益权，对商业银行的买入返售业务造成巨大打击。

3.2 同业负债规模与结构特征

图 2 可见，2007 年第二季度，上市商业银行同业负债规模仅 3.77 万亿元，到 2017 年第一季度，上市商业银行同业负债规模高达 18.22 万亿元，十年时间里同业负债规模增加了 4 倍多，年均复合增长率达 17.06%。与同业资产相比，其增长速率虽稍低，但同业负债规模远超同业资产，同业业务处于负缺口状态。出现这种现象，可能的原因是本文统计的口径限于表内同业，而表外同业（理财、票据转贴现等）和存放于表内其他会计科目的同业投资（应收款项类投资和应付债券）没有被纳入统计范围。

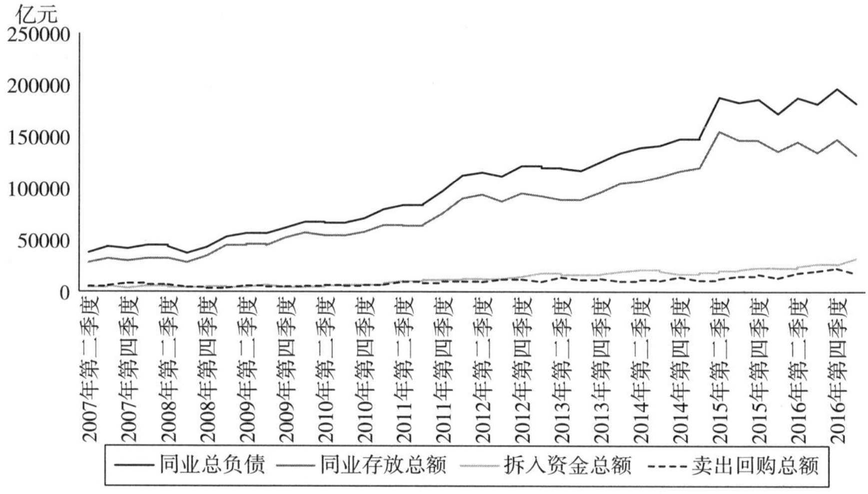

资料来源：上市商业银行年报。

图 2　上市商业银行同业负债规模及结构

从同业负债结构来看，上市商业银行拆入资金和卖出回购的规模相近，总体呈现缓慢增长的趋势，2017 年第一季度两者的规模分别为 3.21 万亿元和 1.77 万亿元。同业存放在同业负债中的占比稳居高位，平均占比超过 75%，且其规模增长速度较快，截至 2017 年第一季度，上市商业银行同业存放规模为 13.24 万亿元，较 2007 年第二季度的 2.83 万亿元增长 4.68 倍，年均复合增长率达 16.68%。从图 2 可见，127 号文对商业银行同业业务的影响较小，主要是因为绝大多数商业银行同业负债占比尚未达到三分之一的上限，还有发展空间，不过增速也开始放缓。

以上分析显示，近几年来银行业的同业资产负债扩张迅速，银行资产负债结构发生了较大的变化，对此给银行造成的风险承担影响值得关注。

4. 实证分析

4.1 数据来源

本文研究对象包括16家上市商业银行，研究期间为2008年第一季度至2017年第一季度。研究的样本数据主要从以下渠道获取：上市商业银行财务数据来源于Wind数据库和银行财务报表，缺失数据进行线性插补。宏观经济数据从中国人民银行、国家统计局等官方网站获取。

4.2 模型设定与变量定义

本文参照Valeriya Dinger等（2009）和祝继高等（2016）的研究设计，构造以下模型：

$$\frac{1}{Z_{it}} = \alpha_{it} + \beta_1 NIA_{it} + \beta_2 ETA_{it} + \beta_2 SHAREHOLDER_{it} + \beta_3 NPL_{it} + \beta_4 ROA_{it} + \beta_5 CAR_{it} + \beta_6 LTA_{it} + \beta_7 DTL_{it} + \beta_8 LNTA_{it} + \beta_9 PC1_{it} + \beta_{10} PC2_{it} + TIME + INDIVIDUAL + \varepsilon_{it} \quad (1)$$

被解释变量（1/Z）是Z－Score的倒数。Hannan等（1988）最早将Z－Score运用于商业银行破产风险的研究中，$Z = \frac{\mu + \frac{C}{A}}{\sigma}$表示每一单位风险（$\sigma$）需要的资产收益（$\mu$）和资本（$C/A$）总和，$Z$值越大说明银行的破产风险越小，风险承担越小。该指标还有两种变换形式，分别为取对数和取倒数，本文取其倒数作为商业银行风险承担的代理变量。

解释变量（*NIA*）是同业净资产与总资产的比率。梁丽丽（2015）等学者验证了同业负债业务与商业银行的风险呈“U”形关系，罗中（2013）、祝继高等（2016）、周再清等（2017）则证明了同业资产的扩张显著提高了银行的风险承担。现有文献表明同业业务的扩张在资产端和负债端的风险承担影响有明显的异质性，因此本文选用同业净资产与总资产的比率，来综合衡量同业资产负债扩张净效应并作为同业业务发展的代理变量。

参考已有文献的研究成果，选取银行个体特征指标和市场特征指标两大类控制变量。各变量的释义如表1所示。

表 1　变量指标释义

	变量	释义
被解释变量	Z - Score 的倒数（1/Z）	表征商业银行风险承担水平，1/Z 越高，银行风险承担水平越高
	资产回报波动率（σ）	按四个季度移动平均法计算的总资产收益率的标准差
	资产平均回报率（μ）	四个季度内的移动平均总资产收益率
	资本资产比率（C/A）	每季度末资本净额与总资产的比率
解释变量	同业净资产占比（NIA）	同业净资产与总资产的比率
个体特征控制变量	股东权益占比（ETA）	权益/总资产，表征银行杠杆率
	前十大股东占比（SHAREHOLDER）	前十大股东持股股数/总股本，表征银行股权集中度
	不良贷款率（NPL）	不良贷款/总贷款，表征银行资产质量
	总资产报酬率（ROA）	净利润/总资产，表征银行盈利能力
	资本充足率（CAR）	资本净额/风险总资产，表征银行资本状况
	贷款占比（LTA）	贷款/总资产，表征银行贷款在资金运用中的情况
	存款占比（DTL）	存款/总负债，表征银行存款在资金来源中的情况
	资产规模（LNTA）	总资产取对数，表征银行规模
市场特征控制变量	赫芬达尔—赫希曼指数（HHI）	各上市商业银行贷款与上市商业银行总贷款比值的平方和，表征银行业贷款集中度
	国民生产总值增长率（GGDP）	当季度国民生产总值/前一季度国民生产总值 - 1
	广义货币供给量增长率（GM2）	当季度广义货币总量/前一季度广义货币总量 - 1
	一年期存贷利差（SPREAD）	一年期贷款基准利率减一年定期存款利率

进一步考虑商业银行同业投融资净效应的风险影响具体路径，参考祝继高等（2016）和邹晓梅等（2015）的研究设计，通过对风险承担代理变量的各组成成分分别进行回归，构造如下模型：

$$\sigma_{it} = \alpha_{it} + \beta_1 NIA_{it} + \beta_2 ETA_{it} + \beta_2 SHAREHOLDER_{it} + \beta_3 NPL_{it} + \beta_4 ROA_{it} + \beta_5 CAR_{it} + \beta_6 LTA_{it} + \beta_7 DTL_{it} + \beta_8 LNTA_{it} + \beta_9 PC1_{it} + \beta_{10} PC2_{it} + TIME + INDIVIDUAL + \varepsilon_{it} \quad (2)$$

$$\frac{C}{A}_{it} = \alpha_{it} + \beta_1 NIA_{it} + \beta_2 ETA_{it} + \beta_2 SHAREHOLDER_{it} + \beta_3 NPL_{it} + \beta_4 ROA_{it} + \beta_5 CAR_{it} + \beta_6 LTA_{it} + \beta_7 DTL_{it} + \beta_8 LNTA_{it} + \beta_9 PC1_{it} + \beta_{10} PC2_{it} + TIME + INDIVIDUAL + \varepsilon_{it} \quad (3)$$

$$\mu_{it} = \alpha_{it} + \beta_1 NIA_{it} + \beta_2 ETA_{it} + \beta_2 SHAREHOLDER_{it} + \beta_3 NPL_{it} + \beta_4 ROA_{it} + \beta_5 CAR_{it} + \beta_6 LTA_{it} + \beta_7 DTL_{it} + \beta_8 LNTA_{it} + \beta_9 PC1_{it} + \beta_{10} PC2_{it} + TIME + INDIVIDUAL + \varepsilon_{it} \quad (4)$$

考虑到宏观经济变量常常存在非平稳性（莫媛等，2017），以及模型引入的控制变量较多，有可能导致模型存在多重共线性，本文对市场特征变量进行主成分分析，以同时解决上述两个问题。首先 KMO① 检验表明各市场特征变量之间适合主成分分析，鉴于综合特征值大于 1 与累积方差贡献率大于 80% 两个选取标准，本文选取主成分 1 和主成分 2 作为解释变量，舍弃系数小于 0.5 的变量，则各主成分与变量间的线性关系如下：

$$PC1_{it} = 0.601 \times GGDP_{it} + 0.5024 \times GM2_{it} + 0.5406 \times SPREAD_{it} \quad (5)$$

$$PC2_{it} = 0.9341 \times HHI_{it} \quad (6)$$

其中，$PC1$ 主要代表宏观经济与货币政策的主成分，$PC1$ 越大，说明经济增长越快，货币政策越趋于宽松；$PC2$ 代表银行业贷款垄断程度的主成分，$PC2$ 越大，银行业贷款的垄断性越强。

4.3 描述性分析

表 2 变量描述性统计

变量	平均数	标准差	最小值	最大值	观测样本
1/Z（%）	3.96	0.75	2.00	7.19	592
σ（%）	0.32	0.06	0.10	0.49	592
μ（%）	0.75	0.13	0.27	1.15	592
C/A（%）	7.34	71.21	3.04	12.72	592
NIA（%）	-3.839	6.381	-33.126	10.128	592
ETA（%）	6.04	1.28	2.31	12.11	592
SHAREHOLDER（%）	69.16	20.80	32.52	100	592
NIM（%）	2.572	0.365	1.404	3.660	592
NPL（%）	1.234	0.993	0.340	13.945	592
ROA（%）	0.735	0.339	0.094	1.715	592

① 由于篇幅限制，没有给出 KMO 检验和主成分分析结果。

续表

变量	平均数	标准差	最小值	最大值	观测样本
CAR（%）	12.097	2.097	7.190	28.130	592
LNTA	10.215	1.271	6.716	12.425	592
LTA（%）	49.09	7.33	27.89	70.55	592
DTL（%）	74.34	9.91	42.30	93.49	592
GGDP（%）	8.26	1.59	6.4	12.2	37
GM2（%）	15.94	4.86	10.6	29.31	37
SPREAD（%）	2.92	0.12	2.76	3.29	37
HHI（%）	10.71	4.46	0.10	17.30	37
PC1（%）	17.841	3.817	11.033	28.468	37
PC2（%）	3.710	4.149	-10.569	10.117	37

4.4 单位根检验

面板单位根主要分为同根和不同根两种，本文同时采用 LLC（同根）和 Fisher - ADF（不同根）两种方法进行单位根检验①，结果显示各变量均不存在单位根，即变量满足平稳性要求，故不需要再进行协整检验。

4.5 内生性、工具变量和有效性检验

4.5.1 内生性

商业银行同业业务期限错配和高杠杆操作提高了银行风险承担水平，但也可能存在银行风险承担能力提高后，采取更冒险的方式去进行同业投融资，以期获得更高的利润，因此解释变量很可能存在内生性问题。本文对同业净资产占比是否为内生变量进行检验，发现解释变量的确存在内生性②。内生解释变量适合用工具变量法进行估计，因此首先需要找到合适的工具变量。

4.5.2 工具变量③

一般来说，选择工具变量需要满足相关性与外生性，即工具变量要与内生

① 由于篇幅限制，单位根检验结果不予列示。

② 内生检验结果在表 3 中陈列。

③ 孙圣民，陈强（2017）认为在技术上，在双向固定效应模型的框架下，一般很难找到较强的工具变量，因为内生变量通常很容易为年度虚拟变量所解释。

解释变量相关，且要与被解释变量的扰动项不相关。Valeriya Dinger 等（2009）发现以零售存款比贷款作为同业拆借的工具变量，同业借款可以有效降低借款银行的风险。Valeriya Dinger 等研究了中东欧国家的银行，这些国家的银行系统存在两个层次，即原生银行（incumbent banks）和新进银行（new entrant banks）。原生银行是这些国家的国有大型银行，新进银行则是一些私人中小银行。原生银行长期专于吸收存款（issuing deposits），新进银行则专于向中小企业贷款。原生银行之所以在吸收存款方面占有优势，是因为政府不允许它们破产，并且为它们进行多次的资本重组，相当于给存款提供隐性保险。另外，它们有完善的网点系统，方便吸收存款。对于新进银行，政府则允许它们破产，存户资金没有受到存款保险的保障。随着这些国家的中小企业迅速增加，新进银行资金满足不了企业贷款需求，而原生银行资金存在剩余，故新进银行从原生银行拆入资金。

本文认为 Valeriya Dinger 等人描述的两层银行体系在中国也是类似存在的。首先，中东欧国家大多是从社会主义国家过渡而来的，原生银行基本都是国有控股，整体制度环境与中国存在相似性。其次，我国的银行体系也存在两层银行系统的特征，即大型银行的资金相对充足，而中小型银行的资金不足。最后，我国股份制商业银行和城市商业银行等中小型银行对中小企业的贷款支持力度较高。由于制度环境和银行体系特征的类似，本文认为 Valeriya Dinger 等的研究成果对研究国内银行同业扩张的风险影响具有参考意义。Valeriya Dinger 等以零售存款与总贷款的比率作为同业借贷净头寸的工具变量，这是因为促使银行进入同业市场的决定性因素是缺乏完善的存款网络，如果银行缺乏广泛的存款网点，那么会激励它们到同业市场进行借款。类似地，中国的中小银行业之所以大量开展同业业务，一是没有足够的存款，二是贷款额度有限，促使它们通过同业渠道进行信贷出表（注：将属于表内的贷款表外化），以规避监管。图 3 显示，我国银行业体系中，中小型银行对同业融资的依赖性在逐步增强，大、中小型银行的资金净流向基本与 Valeriya Dinger 等所描述的银行业状态相符合。

本文用贷款与零售存款的比率（LTRD）作为同业净资产比率的工具变量，之所以不用零售存款与贷款的比率是因为 Valeriya Dinger 等认为这是代表需求端的工具变量，在 Valeriya Dinger 等研究的国家中，银行是因为存款不足而到同业拆借。本文所用的贷款与零售存款比①，则代表供给端的工具变量，国内商业银行更多是受信贷规模限制，才转向同业投资。零售存款用银行总存款减去同业及其他金融机构存款表示②。

① 类似于贷存比，但贷存比衡量银行的流动性风险，本身与风险有关，因此不是有效的工具变量。

② 这里借鉴了 Valeriya Dinger 等（2009）的做法。

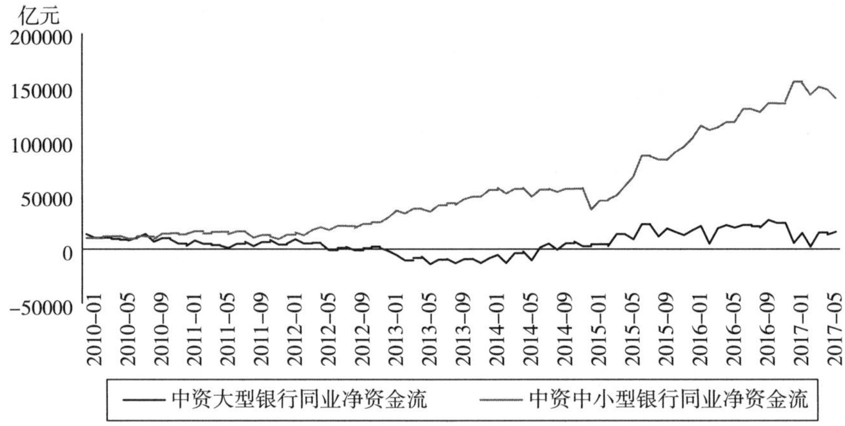

资料来源：中国人民银行官网。

图3　大、中小型银行同业资金净流向

4.5.3　有效性检验

工具变量的检验主要包括不可识别检验和弱工具变量检验以及过度识别检验，不可识别检验和弱工具变量检验可以通过相关统计量的显著性进行判断①，检验结果在表3中呈现，结论表明本文选取的工具变量不存在不可识别和弱有效的问题。对于过度识别检验，本文由于工具变量和内生变量都只有一个，过度识别无法运用，于是参考孙圣民和陈强（2017）在模型恰好识别的情况下如何判断工具变量的外生性检验，通过半简化式回归②对工具变量的系数显著性进行判断，半简化式回归结果显示工具变量系数不显著，说明本文选取的工具变量是外生的。

4.6　回归结果分析

4.6.1　基础回归分析

从商业银行发展同业业务对其风险承担的影响来看，同业净资产占比系数在1%的显著性水平下为正，说明上市商业银行同业业务发展显著提高了风险承担水平。从不同类型银行的回归结果来看，非五大行同业业务与风险承担行为之间的正向关系更加明显，而五大行中两者的关系并不显著，可能的原因是

① Stock和Watson（2003）给出了弱工具变量判断的一个经验规则（rule of thumb），如果第一阶段的F统计量大于10，则说明不存在弱工具变量的问题。

② 半简化式回归的基本逻辑是，如果工具变量与原方程的扰动项不相关，则将工具变量加入原方程应该得不到显著的系数估计结果。

五大行同业业务的规模在总资产中的比重较小。

从银行个体特征控制变量来看，所有者权益占比系数在5%的显著性水平下为负，说明银行的杠杆越低，风险越低。不良贷款率与银行风险呈显著正向影响，不良贷款越高，资产质量越差，银行面临的违约风险越高，整体风险水平也就越高。资产规模越大，银行的风险承担水平越低。存贷款规模占比均对商业银行的风险承担水平呈负向影响。“高风险高收益”假说在银行体系不能得到验证，在五大行中，反而还出现了“低风险高收益”的异象。本文认为这是因为国内银行业一直处于政府的隐性担保，享受着制度的红利，破产风险极低，而它们却能靠着稳定的存贷利差发展，随着银行规模的扩张，传统低风险的存贷利差收入也随之增加，国有大型银行更是如此。前十大股东持股比例与银行风险承担呈正向关系，从代理关系的角度分析，前十大股东的股权越集中，对公司的操纵越强，股东越容易侵蚀债权人的利益。另外出于股东的利益，银行可能会承担风险高的项目，代理风险更为突出。从银行类型来看，五大行此项指标更加显著，本文的研究结论与王晓枫等（2011）的研究发现是一致的。资本充足率和银行风险显著负相关，资本越充足，商业银行的风险承担意愿会下降，不愿采取更冒险的行动。资本充足率在降低国有大型银行风险上并不明显，国有银行受到政府信用的背书，即使自有资本低，人们也不会担心其存在破产的风险。

表3　回归模型估计结果①

变量	全样本 2SLS	全样本 半简化式	五大行 2SLS	五大行 半简化式	非五大行 2SLS	非五大行 半简化式
NIA	0. 023* (1. 88)	0. 006 (0. 75)	0. 025* (1. 69)	0. 023 (1. 43)	0. 025* (1. 91)	0. 006 (0. 57)
LTRD		−0. 281 (−1. 12)		−0. 044 (−0. 16)		−0. 300 (−1. 35)
ETA	−0. 158** (−2. 09)	−0. 156* (−2. 06)	−0. 467*** (−7. 08)	−0. 466*** (−5. 46)	−0. 106* (−1. 65)	−0. 091 (−1. 22)
SHAREHOLDER	0. 022* (1. 80)	0. 020 (1. 52)	0. 041*** (4. 37)	0. 040** (3. 14)	0. 019 (1. 50)	0. 018 (1. 33)
NPL	0. 096*** (3. 60)	0. 094*** (3. 32)	0. 114*** (7. 72)	0. 115*** (5. 67)	0. 031 (0. 33)	0. 032 (0. 31)

① 本文用2SLS对工具变量进行回归估计，因为只有一个工具变量和一个内生变量，模型恰好识别，故GMM和2SLS是等效的。

续表

变量	全样本 2SLS	全样本 半简化式	五大行 2SLS	五大行 半简化式	非五大行 2SLS	非五大行 半简化式
ROA	0.305 (0.62)	0.331 (0.63)	-0.532** (-2.31)	-0.535 (-1.82)	0.332 (0.55)	0.402 (0.58)
CAR	-0.165*** (-3.54)	-0.164*** (-3.51)	-0.043 (-1.48)	-0.042 (-1.17)	-0.195*** (-5.47)	-0.201*** (-4.97)
LTA	-0.039** (-2.34)	-0.040** (-2.17)	0.007 (0.57)	0.007 (0.41)	-0.061*** (-2.77)	-0.063** (-2.59)
DTA	-0.033** (-2.33)	-0.033** (-2.26)	-0.008** (-2.20)	-0.008 (-1.64)	-0.029* (-1.72)	-0.027 (-1.77)
LNTA	-1.620*** (-3.11)	-1.682*** (-3.03)	-1.852*** (-4.31)	-1.853** (-3.25)	-1.872*** (-2.90)	-1.809** (-2.25)
PC1	-0.790 (-0.98)	0.127*** (3.00)	0.656 (1.41)	0.171* (2.46)	-0.827 (-0.84)	0.111 (1.49)
PC2	0.315 (1.13)	0.009 (0.18)	-0.196 (-1.19)	-0.036 (-1.37)	0.274 (0.89)	-0.031 (-0.44)
Constant		22.922*** (4.12)		20.876** (3.26)		24.643** (2.98)
individual	control	control	control	control	control	control
Time	control	control	control	control	control	control
Observation	592	592	185	185	407	407
Adjusted R^2	0.609	0.631	0.876	0.879	0.575	0.603
第一阶段 F 值	55		33		78	

注：括号内为使用聚类稳健标准误的 t 值，*** $p<0.01$，** $p<0.05$，* $p<0.1$，下同。

4.6.2 影响路径分析

从表4中的回归结果，我们发现，上市商业银行发展同业业务提高自身风险承担水平，主要是通过资产收益率波动的增加来实现的，但对银行的资产收益率和资本资产比率并无显著影响，即上市商业银行同业业务降低了银行单位风险的收益，同时也降低了单位风险的资本需求，进而导致银行整体风险承担水平提高，破产风险概率增加。本文认为这与银行同业业务的运作方式有关，同业业务的期限错配叠加高杠杆操作，使银行面临更高的流动性风险，从而增加了银行盈利的波动性。

表 4　回归模型估计结果

变量	σ	μ	C/A
NIA	0.001* (1.90)	0.001 (0.89)	0.001 (0.08)
ETA	0.009* (1.94)	0.021** (2.39)	0.490*** (7.39)
SHAREHOLDER	0.001 (1.20)	0.002*** (2.84)	-0.023** (-2.07)
NPL	0.004** (2.05)	0.011*** (3.00)	-0.069*** (-4.09)
ROA	0.035 (1.36)	0.295*** (5.08)	0.366** (2.22)
CAR	-0.004* (-1.88)	-0.004 (-0.83)	0.228*** (7.74)
LTA	-0.002 (-1.11)	-0.005** (-2.53)	0.044*** (3.75)
DTA	-0.001 (-1.62)	-0.000 (-0.14)	0.010 (1.04)
LNTA	-0.087** (-2.15)	-0.194*** (-3.42)	1.010*** (2.68)
PC1	-0.080* (-1.89)	-0.509*** (-5.16)	-0.615** (-2.31)
PC2	0.029* (1.84)	0.165*** (4.66)	0.098 (1.07)
Bank effect	control	control	control
Time effect	control	control	control
Observations	592	592	592
Adjusted R^2	0.469	0.685	0.913
第一阶段 F 值	43	32	28

5. 结论与启示

本文通过贷款与零售存款比率这一面板工具变量，基于 2SLS 回归估计方法考察了商业银行同业资产负债扩张的净效应对商业银行风险承担水平的影响，实证结论表明商业银行同业净资产占比的提升加剧了商业银行的风险承担水平。此外，本文还发现：（1）银行杠杆率与风险水平之间存在显著负向关系。（2）资本充足率高的银行其风险承担意愿更低，而股权越集中的银行，其代理风险更为突出，银行的风险承担水平更高。（3）不良贷款率越高的银行，面临的违约风险更高，故而提升了银行的经营风险系数。（4）规模越大的银行，风险承担水平更低。“高风险高收益”假说没有在本文的实证研究中得到检验。进一步对同业业务与风险承担行为关系的具体机制进行研究，结果表明商业银行发展同业业务的风险后果是通过增加银行盈利的波动，降低了银行单位风险收益和单位资本要求，从而抬升了违约风险，增加了商业银行破产风险概率，本文认为这与商业银行同业的期限错配和高杠杆运作方式息息相关。

根据本文的研究结论，在当前金融业进入严监管和防控风险的政策背景下，为商业银行合理开展同业业务和监管机构规范同业监管提供如下启示：

对商业银行来说，首先，同业无序的扩张会提高自身的风险水平，商业银行应该在开展同业业务带来的额外收益和积累的风险之间进行权衡，不能为了监管套利而盲目扩张同业业务。其次，应该加强同业资产负债的期限和缺口配置管理，合理地利用杠杆，防止在期限错配叠加高杠杆操作的机制下削弱银行流动性管理效率和有效性，加剧银行所面临的流动性风险和利率风险。再次，同业业务对商业银行风险的影响突出表现是通过配置非标资产，利用会计操作手段，实现风险资产出表，但由于整个过程操作的不规范，风险仍留在表内，银行需承担违约所带来的后果。基于此，银行应该严格遵守127号文中禁止买入返售业务对接非标资产的规定，合理配置同业投资中非标资产的比例，建立健全相应的风险管理和内部控制体系，加强内部监督检查和责任追究，准确、客观、合理地计量同业业务风险的资本要求，确保风险得到有效覆盖。最后，商业银行应该加强同业会计处理方法规范性，确保各类同业业务及其交易环节能够及时、完整、真实、准确地在资产负债表内或表外记载和反映。

对监管者来说，商业银行近几年在金融自由化的大背景下业务创新动力增强，突破监管的动机随之提高，因此传统的监管政策和指标对规范银行业务和保障银行体系正常运作的效力减弱甚至失效，因此应该根据金融环境的变化和银行业务的新动向适时适当地调整监管政策，确保政策实施能前瞻性地预防银行体系风险的扩散，又不会对商业银行正常合理的业务创新发展造成打击。此外，目前的监管体系是建立在分业经营的理念下的，“一行二会”的监管模式容易产生监管真空地带，给银行提供监管套利的空间，因此各监管部门应加强内部交流与合作，建立信息共享机制和协调办案，弥补监管漏洞。全国金融工作会议后，国家正式成立了国务院金融稳定发展委员会，统筹协调“一行二会”和地方金融监管部门，向大监管迈出了实质性一步。

参考文献

[1] 祝继高，胡诗阳，陆正飞．商业银行从事影子银行业务的影响因素与经济后果——基于影子银行体系资金融出方的实证研究［J］．金融研究，2016（1）：66－82.

[2] 肖崎，阮健浓．银行同业业务发展现状及风险分析［J］．金融论坛，2014（2）：58－64.

[3] 步艳红，赵晓敏，杨帆．我国商业银行同业业务高杠杆化的模式、影响和监管研究［J］．金融监管研究，2014（2）：33－46.

[4] 廉永辉．同业网络中的风险传染——基于中国银行业的实证研究［J］．财经研究，2016（9）：63－74.

[5] 高宏霞，何桐华．我国上市商业银行流动性风险分析——基于同业业务视角［J］．财会研究，2014（3）：77－80.

[6] 梁丽丽．同业负债业务缓解了商业银行的流动性风险吗？——基于213家商业银行数据的实证研究［J］．南方金融，2015（1）：35－41.

[7] 吴念鲁，徐丽丽，苗海宾．我国银行同业之间流动性风险传染研究——基于复杂网络理论分析视角［J］．国际金融研究，2017（7）：34－43.

[8] 罗中，缪海斌．商业银行同业资产扩张与风险承担——基于中国银行业的实证研究［J］．金融监管研究，2013（8）：54－65.

[9] 翟光宇，何玉洁，孙晓霞．中国上市银行同业业务扩张与银行风险——基于2007—2013年季度数据的实证分析［J］．投资研究，2015（2）：34－45.

[10] 周再清，甘易，胡月．商业银行同业资产特性与风险承担行为——基于中国银行业动态面板系统GMM的实证分析［J］．国际金融研究，2017（7）：66－75.

[11] 邹晓梅，张明，高蓓．资产证券化与商业银行盈利水平：相关性、影响路径与危机冲击［J］．世界经济，2015（11）：144－167.

[12] 莫媛，易小兰．监管约束与商业银行同业资产稳健发展——基于15家上市银行的实证分析［J］．金融监管研究，2017（4）：31－45.

[13] 孙圣民，陈强．家庭联产承包责任制与中国农业增长的在考察——来自面板工具变量法的证据［J］．经济学（季刊），2017（2）：815－832.

[14] 王晓枫，吴从根．公司治理对我国商业银行风险影响的实证研究［J］．长沙理工大学学报（社会科学版），2011（6）：33－40.

[15] Allen Franklin and Gale Douglas. Financial Contagion［J］. Journal of Political Economy, 2000, 108（1）：1－33.

[16] Castiglionesi Fabio, Feriozzi Fabio and Lorenzoni Guido. Financial Integration and Liquidity Crises [J]. Microelecronics Reliability, 2015, 37 (12): 373-382.

[17] Rajkamal Iyer and José - Luis Peydró. Interbank Contagion at Work: Evidence from a Natural Experiment, [J]. The Review of Financial Studies, 2011, 24 (4): 1337-1377.

[18] Timothy H. Hannan and Gerald A. Hanweck. Bank. Insolvency Risk and the Market for Large Certificates of Deposit [J]. Journal of Money, Credit and Banking, 1988, 20 (2): 203-211.

[19] Valeriya Dinger and Jürgen von Hagen. Does Interbank Borrowing Reduce Bank Risk [J]. Journal of Money, Credit and Banking, 2009, 41 (2): 491-506.

An Empirical Study on the Relationship Between Interbank Business and Risk Taking Level in Listed Commercial Banks: Economies from Panel Tool Variables

Zhu Shunquan　Lai Shaoyue

Abstract: Considering the endogeneity of interbank expansion, we conduct an empirical analysis based on panel instrumental variable method and discover that (1) risk taking of bank increases while net interbank asset to total asset ratio growing up (2) on the one hand, risk taking of bank was promoted by leverage, ownership concentration and non - performance asset ratio, on the other hand, it was demoted by capital adequacy ratio, asset size, ratio of deposit to total liability and loan to total asset. Hypothesis of high risk yields high return was not examined empirically. (3) volatility of total asset return has increased with the development of interbank business, but has no impact on the total asset return and capital demand, namely it has decreased return per risk and capital demand per risk, which resulted in higher probability of bankruptcy of commercial banks.

Key Words: Listed Commercial Banks, Net Assets of the Same Industry, Risk Taking Level

基于银行综合压力指数方法的银行系统性风险度量研究[①]

顾艳辉[①]　朱淑珍[②]　赵袁军[③]　俞　林[④]

摘　要　本文根据银行业自身经营特征和国内外宏观经济冲击因素从银行部门、货币市场、债券市场、股票市场以及外汇市场选取10个指标变量，基于CRITIC赋权法合成银行综合压力指数（BSCI），运用多元自回归模型对该指数识别我国银行体系压力状态进行有效性检验。实证研究结果表明：BSCI可以较好地捕捉我国银行体系2000—2017年期间承受系统性风险水平与波动趋势，宏观经济压力的增加会推动银行系统性风险水平上升。银行不良贷款率对BCSI的影响最为突出，国内生产总值增长率（GDPR）上升对于缓解银行体系面临的综合压力最为明显，美元兑人民币汇率对BCSI影响显著。

关键词　银行综合压力指数　银行系统性风险　CRITIC赋权

1. 引言

银行是金融的核心组成部分，为经济发展发挥重要的金融支持作用，但是银行风险的爆发对实体经济会释放巨大的负外部效应，因此银行体系的健康发展是经济系统平稳运行的必要条件。在银行风险中对经济系统影响最大的当属银行系统性风险，随着金融全球化和金融自由化的不断推进，银行系统性风险造成的负外部效应越来越大，防范银行系统性风险的难度日益增加，管控银行系统性风险的成本也越来越高。国外学者对银行系统性风险的研究不断推进与深化，国内学界和政界对银行系统性风险的警示也不绝于耳。习近平总书记在重要会议上也多次强调守住不发生系统性金融风险的底线，因此作为系统性金

①　基金项目：国家社会科学基金项目（16BRK009）；江苏高校哲学社会科学研究重点项目（2018SJZDI077）；江苏省“六大人才高峰”项目（2017－JY－067）。

①　顾艳辉（1978－），女，汉族，内蒙古赤峰人，副教授，博士研究生，研究方向为银行风险管理与金融创新。

②　朱淑珍（1960－），女，汉族，上海人，教授，博导，博士，研究方向为金融风险管理与金融创新。

③　赵袁军（1988－），男，汉族，山东薛城人，博士研究生，研究方向为创业投资与创新创业。通讯地址：上海市长宁区延安西路1882号12宿508A室东华大学工商管理学院，邮编：200051，电话：15900912853，E－mail：zyj2090834@163.com。

④　俞林（1979－），男，江苏泰州人，副教授，博士，研究方向：营销管理。

融风险重要表现的银行系统性风险必须引起高度重视。国际上屡有学者预测下次金融危机会起源于我国，导火索很有可能就是银行系统性风险。

2008 年国际金融危机令人心有余悸，其影响至今还没有消除，并且后遗症明显存在。我国当时为刺激经济增长采取的极度宽松的货币财政政策使得银行贷款数量激增，而且集中投放于房地产业与地方政府融资平台等领域，使得银行信贷风险高度集中，一旦控制不当容易引发银行系统性危机。我国正处于经济转型的攻坚时期，作为金融核心领域的银行业如果出现系统性危机，则有可能导致金融体系崩溃，实体经济与金融休戚与共，倾覆的金融环境下经济必然无法自保。银行系统性风险的生成既有内部来源又有外部冲击，因此从我国银行业内部经营特征和国内外宏观经济外部冲击因素的视角度量银行系统性风险显得尤为重要。金融压力指数方法为度量我国银行业系统性风险水平以及银行体系承受的金融压力大小提供了一种较好的量化工具，因此构建银行综合压力指数对于及时准确捕捉我国银行系统压力状态以及波动趋势具有重要的现实意义。

2. 文献综述

国外学者早期文献主要集中于金融压力指数构建研究，2008 年国际金融危机之后开始转向国别金融系统性风险压力测度研究并对金融压力指数指标选择逐步细化。Illing 和 Liu（2003）开创性地从银行部门、外汇市场、债券市场和股票市场选取 9 个代表性指标构建加拿大日度金融压力指数（FSI）用于度量加拿大金融市场风险压力。该指数构建直观明了，能够克服其他模型中存在的时滞问题。Hanschel 和 Monnin（2005）选取银行部门以及股票市场等 8 个指标采用等方差加权方法构建银行业压力指数用来度量瑞士银行系统性风险水平，该研究结果为运用压力指数度量银行系统性风险提供了思路。Nelson 和 Perli（2007）构建了金融脆弱性指数来测度金融体系的金融稳定性。Hakkio 和 Keeton（2009）根据堪萨斯州的区域金融特征使用 9 个利差变量和 2 个其他变量构建堪萨斯城金融压力指数，运用主成分分析法研究了金融压力导致经济下滑的诸多渠道以及金融压力对宏观经济的影响机制，重点衡量美国金融市场系统性风险。该指数对美国金融市场金融压力的现实情形有较强的解释力，但使用的月度数据不如周度或日度数据频率高。Kliesen 和 Smith（2010）选取 18 个经济变量基于主成分分析法构建周度圣路易斯金融压力指数，测度金融市场压力对美国经济复苏的影响以及货币政策对美国金融市场的影响。该指数使用数据频率高，但忽略了对选择指标波动性的考察。Blix Grimaldi（2010）从金融市场中选取 16 个变量基于 Logit 模型构建欧洲金融压力指数用来识别欧洲典型金融系统性风险事件。Oet 等（2011）运用信贷权重法基于 11 个日度指标构建克利夫兰金融压力指数用来识别金融市场压力水平。该指数使用的是频度最高的日度数据，却忽略掉了对波动性指标的选择。Cardarelli 等（2011）构建金融压力指数分析了过去 30 年 17 个发达经济体的银行部门、证券市场和外汇市场经历的金融压力事件，重点是评估决定金融压力的这些因素对经济活动的影响程度，结论指出金融压力容易导致经济下滑。Dániel Holló 等（2012）从金融市场中选取 15 个指标构建金融系统压力综合指标，研究结果表明如果金融体系不稳定，金融压力就会更加系统性，从而不但对整个经济造成更大的危险而且在整个金融体系中会更广泛地传播。Louzis 和 Vouldis（2013）基于金融市场中存在的时变特征运用多元 GARCH 模型构建金融系统压力指数（FSSI）来捕捉希腊金融市场的突然变化以及金融体系的系统性压力水平，结果发现 FSSI 可以及时识别危机时期，FSSI 具有成功诊断金融压力的能力。Apostolakis 和 Papadopoulos（2015）构建 G7 国家的金融压力指数用于度量金融压力对这些国家银行部门、证券市场以及外汇市场的系统性风险溢出效应。Polat 和 Ozkan（2017）使用 13 个金融市场日度指标构建金融高频压力指数来识别土耳其财务压力事件从而测度土耳其金融系统性风险压力状态。国外学者相关研究表明，压力指数方法为度量银行系统性风险提供了一种较好的量化工具。该方法不但可以衡量银行系统性风险水平还可以识别银行体系不稳定的危机时期。如何选择指标并充分考虑选择指标的波动性以及保持使用数据的高频度是构建压力指数需要重点思考的问题。

国内学者沈悦、元莉（2008）根据国内经济环境、金融自由化程度、国际收支状况以及金融机构脆弱性指标构建银行系统性风险预警指标体系，研究结果表明，我国爆发银行系统性风险的可能性较小。赖娟、吕江林（2010）选取期限利差、银行业风险利差、股票市场波动性以及 EMPI 四个指标构建中国金融压力指数的实证研究结果表明：我国金融系统在 2002—2009 年大部分时期压力较小，但在 2007 年 8 月到 2008 年 10 月期间金融压力持续攀升，该金融压力指数对我国金融系统面临的系统性风险状态有较强的解释力，拟合效果较好。陈守东、杨东亮（2010）通过构建银行体系脆弱性月度指数运用马尔科夫区制转移向量自回归模型分析我国经济状况和调控政策对银行体系脆弱性的非线性影响，实证结果表明，2009 年以来我国银行系统性风险上升幅度很大，银行体系脆弱性指数正处于风险积聚改善和停止的关键转折时点上。刘春航、朱元倩（2011）从宏观经济冲击、银行自身经营以及传染扩散三个维度分别构建宏观风险指数、银行经营风险指数以及银行传染指数全方位度量我国银行系统性风险。王书斌、王雅俊（2010）通过计算银行资产价格指数测度银行体系在不完全市场和完全市场的风险大小程度，说明不良贷款率的持续上升是银行系统性风险的主要来源。刘晓星、方磊（2012）运用样本累积分布函数和信用加总权重法相结合的方式构建中国金融压力指数并运用脉冲响应对其进行有效性检验，实证研究表明，2008 年国际金融危机发生时银行部门是我国金融体系压力的最大来源；危机之后银行部门压力逐渐缓慢下降，但股票市场压力上升，而市场保险和外汇市场对我国金融体系压力的贡献持续保持低位。臧敦刚、马德功（2013）根据商业银行贷款违约率构建综合经济指数，运用Logit模型通过敏感压力分析和情景压力分析度量银行系统性风险，研究结果显示，商业银行一年期贷款利率上升和GDP增速严重下滑是导致商业银行违约率增加甚至剧增的主要因素。许涤龙、陈双莲（2015）从银行、房地产等市场选取指标构建金融压力指数测度我国金融系统风险状态并对金融系统性风险的高危期进行识别。荆中博等（2016）以货币市场压力指数波动率作为指标度量我国银行系统性风险，研究结果发现，我国银行系统性风险在1996—2014年期间呈现先升高后大降又升高的趋势，VaR模型的实证结果表明，影响我国银行的系统性风险既有来自银行体系自身的内部风险也有来自以房地产价格风险为主的外部风险，内部风险来源影响因素更为重要。梁斯、郭红玉（2017）采用自回归模型构建金融压力指数通过研究宏观经济压力衡量我国金融系统性风险，研究结果表明，宏观经济压力加大会增加金融系统性风险爆发的可能性，金融系统性风险的发生与宏观经济的表现高度相关。仲文娜、朱保华（2018）运用金融压力事件识别法和MS－AR模型基于银行部门及货币市场等六个维度选取25个经济指标构建中国金融体系压力指数，实证结果表明，该指数能够较好地描述我国金融体系压力状态与波动特征，提供一种测度金融体系风险的量化工具。国内学者的相关研究主要集中于金融压力指数构建，研究成果显示，金融压力指数能够反映金融系统性风险的整体状况而且简单明了便于理解，这些研究对于从国内外宏观经济因素变动冲击银行体系的视角度量我国银行系统性风险具有较高的理论价值与应用价值。但国内的相关研究主要关注金融系统性风险本身，缺乏考察宏观经济变量变动时对金融系统性风险的宏观冲击作用；另外，金融压力指数采用的主要是主观赋值法，主观随意性较大，不能整体反映金融系统性风险变化的动态过程。

3. 银行综合压力指数的构建

3.1 变量指标选取

本文选择指标变量时遵循两个原则：一是所选经济变量能够真实反映我国银行系统所承受的综合压力水平；二是所选经济变量至少具有月度数据，满足经济变量数据时效性的要求。本文从银行部门、货币市场、债券市场、股票市场以及外汇市场选择10个经济变量构建银行综合压力指数（BCSI）。本文选择2001年1月至2017年12月的月度数据作为实证样本依据。数据来源于Wind数据库、中国人民银行网站、美国经济数据中心、利率信息网。

本文选用的衡量银行系统金融压力的10个经济变量指标及其主要特征如

表 1 所示，其中正向指标说明该指标越大意味着银行综合压力指数（BCSI）越高，银行体系面临的金融压力就越大，银行系统性风险就越高；负向指标说明该指标越大意味着银行综合压力指数（BCSI）越低，银行体系面临的金融压力就越小，银行系统性风险就越低。

表 1　BCSI 指标选择及描述

指标类型	指标名称（简称字符）	指标描述	指标方向
银行部门	银行指数（yhzs）	银行体系的股市表现	负向指标
	存贷比率（cdbl）	贷款总额与存款总额的比率	负向指标
	存贷利差（cdlc）	贷款利率与存款利率的差值	负向指标
	不良贷款率（bldkl）	代表银行信贷资产质量	正向指标
宏观经济指标	国房指数（gfzs）	房地产业总体表现	负向指标
	财政赤字率（czcz）	财政赤字/GDP	正向指标
	广义货币（M_2）增长率（gyhbl）	中央银行公布的 M_2 值	负向指标
	工业指数（gyzs）	反映工业发展景气的指标	负向指标
	GDP 增长率（gdpr）	国内生产总值增长率	负向指标
	美元汇率（myhl）	美元兑人民币汇率	正向指标

3.2　数据处理

一是对个别缺失的数据在 SPSS 中用线性插值法补充插入；二是对样本的统计属性基本统计特征、相关性系数先做初步分析，再做描述性分析。本文应用 SPSS21 软件对 10 个经济变量的相关性做统计分析，相关性结果如表 2 所示。

表 2　变量相关性系数

相关系数	yhzs	cdb	cklc	bldkl	gfzs	czczl	gyhb	gyzs	gdp	myhl
yhzs	1.000	0.894	0.733	0.392	0.845	0.809	0.447	0.567	0.433	0.925
cdb	0.894	1.000	0.908	0.713	0.927	0.909	0.503	0.696	0.463	0.907
cklc	0.733	0.908	1.000	0.838	0.898	0.917	0.569	0.747	0.386	0.711
bldkl	0.392	0.713	0.838	1.000	0.757	0.764	0.605	0.795	0.534	0.437
gfzs	0.845	0.927	0.898	0.757	1.000	0.913	0.660	0.819	0.613	0.817
czczl	0.809	0.909	0.917	0.764	0.913	1.000	0.681	0.788	0.589	0.771
gyhb	0.447	0.503	0.569	0.605	0.660	0.681	1.000	0.789	0.723	0.389
gyzs	0.567	0.696	0.747	0.795	0.819	0.788	0.789	1.000	0.769	0.546
gdpr	0.433	0.463	0.386	0.534	0.613	0.589	0.723	0.769	1.000	0.451
myhl	0.925	0.907	0.711	0.437	0.817	0.771	0.389	0.546	0.451	1.000

如表2所示，各变量的相关性系数均比较高，适合做相关统计分析。

3.3 BCSI模型构建

本文在借鉴国内外银行系统性风险度量方法的基础上，结合我们的现实国情，基于CRITIC赋权方法构建银行综合压力指数（*BCSI*），从风险冲击视角度量我国银行系统性风险。根据*BCSI*的大小判断我国银行业面临的金融压力，从而判定银行业系统性风险程度。当*BCSI*较大时，银行业面临的金融压力越大，系统性风险程度也越大；反之，*BCSI*较小时，银行系统性风险越小，根据银行综合压力指数*BCSI*的变化监测我国银行体系承受的金融压力变化趋势与走向。

为了简明地表达银行综合压力指数*BCSI*的含义和结构，我们借鉴前期学者的方法，给出的*BCSI*数学表达式如下所示：

$$BCSI_t = \sum_{i=1}^{n} W_{it}X_{it}$$

其中，$BCSI_t$代表处于t时期的银行综合压力指数，X_{it}代表构成$BCSI_t$的第i个变量，W_{it}代表$BCSI_t$的第i个变量的权重。$BCSI_t$的大小代表银行业面临的金融综合压力的大小，其数值越大，说明在t时期银行业承受的金融综合压力越大，银行系统性风险就越大，必须根据风险压力的大小，采取审慎的监管措施，以保证银行系统的正常运营；反之，如果$BCSI_t$越小，则说明在t时期银行综合压力较低，银行体系处于平稳运营状态，银行系统性风险就越小，整体运作符合宏观审慎监管的要求。由此可知，构建*BCSI*的关键在于两个方面：一是变量选择，二是权重赋予。

本文选择客观赋值*CRITIC*法来确定银行综合压力指数各个指标的权重，考虑到指标的冲突和相关系数，赋权的方法为：

$$W_j = \frac{C_j}{\sum_{j=1}^{n} C_j}, j = 1,2,3,\cdots,n$$

其中，W_j代表第j个指标的权重，$C_j = \sigma_j \sum_{i=1}^{n}(1 - r_{ij}), j = 1,2,3\cdots,n$，表示第$j$个指标包含的信息量，$\sigma_j$表示第$j$个指标的标准差。

依据上述影响银行综合压力指数因素的分析，本文构建的实证模型如下所示：

$$BCSI_t = c + \beta_1 yhzs_t + \beta_2 cdbl + \beta_3 cdlc + \beta_4 bldkl + \beta_5 gfzs + \beta_6 czczl + \beta_7 gyhbl + \beta_8 gyzs + \beta_9 gdpr + \beta_{10} myhl + \varepsilon_{it}$$

其中，t代表月份时间；ε_{it}为随机扰动项；*yhzs*代表银行指数；*cdbl*代表存贷比率；*cdlc*代表存贷利差率；*bldkl*代表不良贷款率；*gfzs*代表国房指数；*czczl*

代表财政赤字率；*gyhbl* 代表广义货币 M_2 增长率；*gyzs* 代表工业指数；*gdpr* 代表 *GDP* 增长率；*myhl* 代表美元汇率。

3.4　实证结果分析

本文利用 Stata8.0 软件对实证模型进行回归分析，回归结果如表 3 所示。

表 3　银行综合压力指数模型回归结果

BCSI	Coef.	Std. Err	t	P > t
yhzs	-0.455	0.126	3.85	0.001
cdbl	-0.169	0.085	2.21	0.032
cdlc	-0.221	0.115	1.79	0.080
bldkl	15.325	9.854	2.53	0.028
gfzs	-3.926	0.760	3.10	0.002
czczl	3.652	0.726	2.83	0.006
gyhb	-1.252	0.357	2.94	0.003
gyzs	-2.566	0.985	3.09	0.002
gdpr	-10.627	6.433	1.98	0.052
myhl	6.535	2.035	1.79	0.080
c	102.752	38.52	2.73	0.008

通过银行综合压力指数对银行指数、存贷比率、存贷利差率、不良贷款率、国房指数、财政赤字率、广义货币（M_2）增长率、工业指数、GDP 增长率、美元汇率 10 个变量的回归分析可以得出每一个变量在 10% 的可信区域都是统计显著的，其中银行不良贷款率、财政赤字率、美元兑人民币汇率对银行综合压力指数的影响最为显著。从回归结果可以看出，银行不良贷款率对 BCSI 产生的影响最为突出，银行不良贷款率（bldkl）增加 1 个单位，则银行综合压力指数上升 0.153；国内生产总值增长率（gdpr）的上升对于纾缓银行综合压力指数最为明显，gdpr 每增加 1 个单位，则银行综合压力指数下降 0.106；美元兑人民币汇率也不容小觑，对国内银行业 BCSI 产生的影响非常大。美元汇率的变化基本能反映国内外经济局势的变化，如果以美国为主的外部环境经济以及金融格局发生大的变化，相关汇率会产生大幅波动，如 1998 年的亚洲金融危机、2008 年美国次贷危机等对我国银行业都产生了严重的冲击，资本大量外流，银行业险象环生。

4. 银行综合压力指数有效性检验

本文通过 AR 根图和 BCSI 对 GDP 增长率的脉冲响应来检验银行综合压力指数的有效性。

运用 Stata8.0 软件，通过对得出的 BCSI 时间序列进行单位根检验，ADF 结果显示 BCSI 在 1%、5% 以及 10% 的显著水平下表现为平稳序列。如表 4 所示，对解释变量的时间序列各自进行单位根检验，结果显示各变量依次平稳。

表 4　单位根检验结果

变量	ADF 值	1% 临界值	5% 临界值	10% 临界值	是否平稳
yhzs	-6.343	-3.560	-2.921	-2.596	平稳
cdb	-4.324	-3.554	-2.920	-2.595	平稳
cdlc	-2.455	-3.562	-2.919	-2.598	平稳
bldkl	-3.435	-3.565	-2.918	-2.596	平稳
gfzs	-4.452	-3.554	-2.921	-2.595	平稳
czczl	-5.763	-3.567	-2.917	-2.598	平稳
gyhb	-3.523	-3.553	-2.920	-2.597	平稳
gyzs	-5.454	-3.554	-2.921	-2.595	平稳
gdpr	-3.532	-3.558	-2.919	-2.599	平稳
myhl	-8.432	-3.554	-2.917	-2.597	平稳

本文运用 AR 根图对建立的模型进行检验，所有的参数矩阵的特征根均在单位圆内，说明其通过稳定性检验。

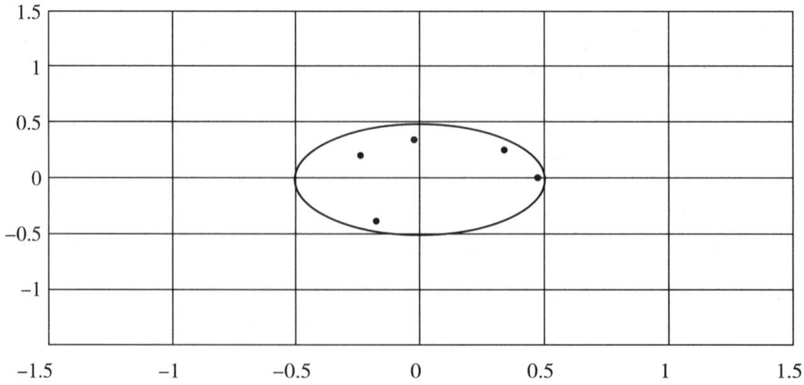

图 1　AR 根图

BCSI 对 GDP 增长率的脉冲响应图如图 2 所示。

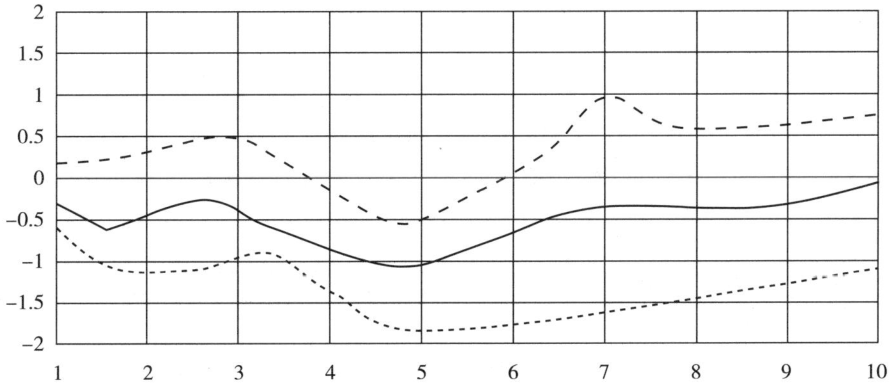

图 2　BCSI 对 GDP 增长率的脉冲响应

我们在银行综合压力指数构建中选择了工业指数、银行指数等证券市场变量，这些变量与宏观经济稳定运行是相辅相成的。为了检验 BCSI 对宏观经济的影响，本文选择季度 GDP 宏观增长率，建立 BCSI 与 GDP 增长率的双变量 VAR 模型，BCSI 取季度末最后一个月的数据替代季度数据。选定 BCSI 与 GDP 增长率的双变量 VAR 模型，根据 AIC 和 SC 最小原则，我们确定 VAR 模型的滞后期为 4。从模型结果来看，当期的银行业受到了滞后 4 阶的银行业压力。此外，银行业的综合压力对宏观经济影响较显著，银行系统压力大时也容易导致宏观经济震荡。GDP 增长率对来自银行综合压力指数 BCSI 的冲击产生负的脉冲响应，并在滞后 4 阶时达到最大。也就是说来自 BCSI 的冲击，大约滞后 4 个季度，对宏观经济产生的影响最大。这与西方经济学的理论基本相符，因为其他学者也多次论证了宏观经济政策对经济的影响有滞后性。

5. 银行系统性风险的度量与识别

运用各市场变量标准的倒数计算权重，再将指数标准化后运用 CRITIC 用 Matlab 编程得出测算图形，如图 3 所示。

从图 3 可以看出，我国银行综合压力指数表现出阶段性变化特征，根据银行综合压力指数（BCSI）的变化情况，可以将测算结果分为四个阶段进行分析。

第一阶段：2000 年以前

2000 年以前我国银行系统性风险处于高位，主要体现在以下几个方面：一

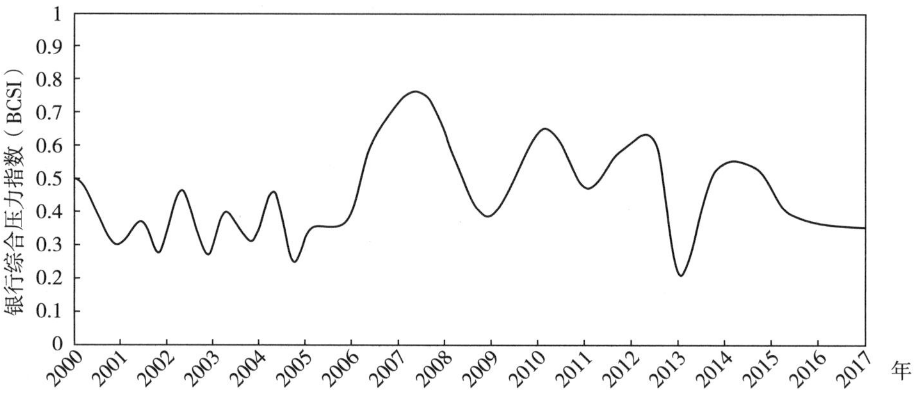

图 3　2000—2017 年我国银行综合压力指数变动趋势

是在计划经济体制时期政府对银行体系的行政干预程度较大，政府运用行政压力迫使银行向国有大型企业发放巨额贷款，但是这些国有大型企业经营能力较差，盈利能力较弱、负债比例较高，导致不能及时归还银行贷款本息，使得银行不良资产规模急剧攀升；二是银行管理者为了追求利润最大化，不断扩张分支机构，导致银行规模日益扩大，同时银行费用支出也同比例大幅上升；三是 1997 年亚洲金融危机使东南亚多个国家的经济发展遭受重创，同时也给我国银行体系带来冲击，我国银行不良贷款率在亚洲金融危机后呈现逐步上升趋势，在 1999 年已高达 39%。

第二阶段：2000—2006 年

图 3 所示的 BCSI 在 2001—2006 年处于低位，说明这一期间我国银行体系比较稳定，银行业系统性风险水平较低。1998 年，为了解决我国银行巨额不良贷款问题，财政部通过发行长期国债方式将 2700 亿元人民币注入四家国有银行（中国银行、工商银行、农业银行以及建设银行）用作资本金补充。1999 年，我国相继成立了东方、长城、华融以及信达四家资产管理公司分别对上述四家国有银行进行不良贷款剥离，与此同时，我国政府对国有银行进行股份制改造，这些措施大大减轻了国有银行沉重的历史包袱，使其轻装上阵，有利于股份制改造的顺利完成，降低了我国银行系统性风险水平。

第三阶段：2006—2015 年

从 2007 年开始我国银行系统性风险水平再次攀升，此次银行系统性风险上升的始作俑者是美国次贷危机，美国房地产市场面临崩溃，银行不良贷款率骤升，引爆全球的金融市场，我国的银行综合压力指数也达到新世纪高位。此次金融危机对我国进出口贸易等实体经济领域产生较大的负面冲击，大部分贷款企业陷入困境，导致银行资产质量恶化，从而推高了银行系统性风险水平。随后由于政府部门的强力介入，持续推行高度宽松的货币政策及财政救助，使银行系统转危为安，银行综合压力指数逐渐下降。但 2010 年以后，我国银行信用过度膨胀，双宽松的政策后遗症开始显现，经济增长也承受压力，银行综合压力指数再次上升。2011 年以来因为欧债危机的扩散、影子银行的影响及地方债务问题等原因，银行不良贷款率和不良贷款余额出现了双升的趋势，加上我国进行产业结构调整等因素，加大了我国银行业系统性风险水平。

第四阶段：2015 年至今

2015 年中央提出去产能、供给侧结构性改革，使企业冗余的产能得以去除，从 2016 年至今，各工业企业的盈利能力和运营水平在持续改善，银行综合压力指数也呈现出缓慢下降的趋势。

根据前期的分析，我们可以依据银行综合压力指数绘出银行系统性风险识别图，并将其划分为三个区域：安全区、警戒区和高危区。

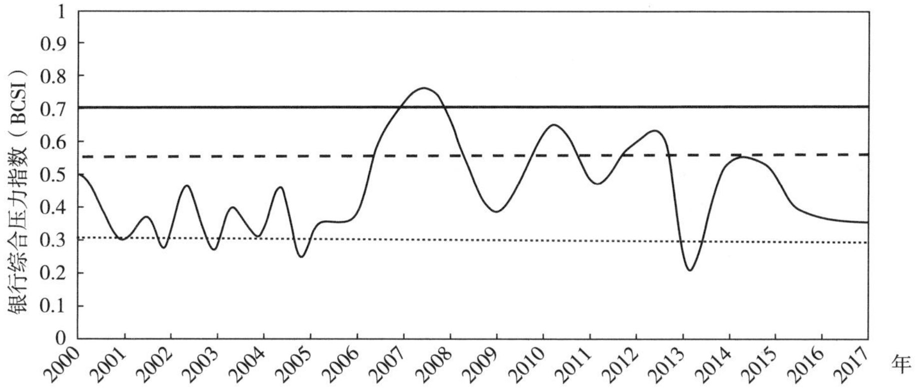

图 4 银行综合压力指数应用分析

银行综合压力指数（BCSI）是衡量银行系统性风险的重要指标，它能较直观地反映我国银行体系所承受的风险压力，能够帮助银行管理人员及时了解风险，分析风险并寻求防范对策；BCSI 对于政府监管层也有指导意义，在 BCSI 值达到橙色警戒线的时候，必须全面提高警惕，防止风险因素扩散，消除隐患于未然；如果 BCSI 值达到红色危险区，则金融监管当局要多管齐下，用猛药治理银行风险，避免银行系统性风险的发生，以免给经济带来不可估量的损失。此外，因为 BSCI 与经济指标的相互影响有时间滞后性，所以一旦发现苗头要及时采取相应措施。

6. 研究结论

本文根据我国银行业自身经营特征（内生因素）和国内外宏观经济冲击因素（外生因素）从银行部门、货币市场、债券市场、股票市场以及外汇市场选取10个银行压力指标变量，运用CRITIC赋权法构建银行综合压力指数（BSCI）来度量我国银行系统性风险水平并识别高危时期。主要得出的研究结论如下：一是从银行系统性风险生成来源的角度看，银行系统性风险具有内生特征和外生特征，银行自身经营状态和国内外宏观经济因素冲击与银行系统性风险压力密切相关。二是从实证研究结果的角度看，银行不良贷款率对BCSI产生的影响最为突出，国内生产总值增长率（gdpr）上升对于缓解银行体系面临的综合压力最为明显，美元兑人民币汇率对BCSI影响非常大。BSCI可以较好地捕捉我国银行体系2000—2017年期间面临的金融压力水平与波动趋势，BSCI对银行系统性风险生成有显著的解释能力。三是从宏观经济压力与银行系统性风险的相关性角度来看，宏观经济压力的增加会推动银行系统性风险水平上升。

参考文献

[1] 沈悦，亓莉．中国商业银行系统性风险预警指标体系设计及监测分析[J]．西南大学学报（社会科学版），2008，34（4）：139－143.

[2] 赖娟，吕江林．基于金融压力指数的金融系统性风险的测度[J]．统计与决策，2010（19）：128－131.

[3] 陈守东，杨东亮．中国银行体系脆弱性的动态分析与预测[J]．吉林大学社会科学学报，2010（4）：111－119.

[4] 刘春航，朱元倩．银行业系统性风险度量框架的研究[J]．金融研究，2011（12）：85－99.

[5] 王书斌，王雅俊．银行系统性风险传染机制的研究与实证——基于资产价格波动视角[J]．金融与经济，2010（7）：6－9.

[6] 刘晓星，方磊．金融压力指数构建及其有效性检验——基于中国数据的实证分析[J]．管理工程学报，2012（3）：1－6.

[7] 臧敦刚，马德功．基于宏观压力测试的我国商业银行系统性风险的度量[J]．上海金融，2013（12）：102－105.

[8] 许涤龙，陈双莲．基于金融压力指数的系统性金融风险测度研究[J]．经济学动态，2015（4）：69－78.

[9] 荆中博，杨海珍，杨晓光．中国银行业系统性风险的含义、度量及影响因素——基于 1996—2014 年的数据 [J]．南方金融，2016 (2)：39 -46.

[10] 梁斯，郭红玉．宏观经济压力对系统性金融风险的冲击研究 [J]．南京社会科学，2017 (6)：46 -54.

[11] 仲文娜，朱保华．中国金融体系压力指数构建及有效性检验 [J]．上海金融，2018 (9)：15 -22.

[12] Illing M, Liu Y. An index of financial stress for Canada [M]. Ottawa: Bank of Canada, 2003.

[13] Hanschel E, Monnin P. Measuring and forecasting stress in the banking sector: evidence from Switzerland [J]. BIS Papers, 2005, 22: 431 -449.

[14] Nelson W R, Perli R. Selected indicators of financial stability [J]. Risk Measurement & Systemic Risk, 2007 (4): 343 -372

[15] Hakkio C S, Keeton W R. Financial stress: what is it, how can it be measured, and why does it matter? [J]. Economic Review - Federal Reserve Bank of Kansas City, 2009, 94 (2): 5.

[16] Kliesen K L, Smith D C. Measuring financial market stress [J]. Economic Synopses, 2010 (2).

[17] Blix Grimaldi M. Detecting and interpreting financial stress in the euro area [R]. ECB Working Paper, 2010.

[18] Cardarelli R, Elekdag S, Lall S. Financial stress and economic contractions [J]. Journal of Financial Stability, 2011, 7 (2): 78 -97.

[19] Holló D. A system - wide financial stress indicator for the Hungarian financial system [R]. MNB Occasional Papers, 2012.

[20] Louzis D P, Vouldis A T. A Financial Systemic Stress Index for Greece [J]. Working Papers, 2013.

[21] Apostolakis G, Papadopoulos A P. Financial stress spillovers across the banking, securities and foreign exchange markets [J]. Journal of Financial Stability, 2015, 19: 1 -21.

[22] Polat O, Ozkan I. Composite Indicator of Systemic Stress (CISS) for Turkey [C]. Eastern Economics Association Conference. 2017.

Research on Systematic Risk Measurement of Banks Based on Comprehensive Pressure Index Method

GuYanhui　Zhu Shuzhen　Zhao Yuanjun　Yu Lin

Abstract: Based on the characteristics of the banking industry and the macroeconomic impact factors at home and abroad, this paper selects 10 indicators from the banking sector, money market, bond market, stock market and foreign exchange market, synthesizes the comprehensive pressure index (BSCI) of banks based on RITIC weighting method, and uses multiple autoregressive model to identify the pressure state of the banking system in China and to check its effectiveness. Proven. The empirical results show that BSCI can better capture the level of systemic risk and fluctuation trend of China's banking system during 2000—2017, and the increase of macroeconomic pressure will promote the rise of systemic risk level of banks. The non - performing loan rate of banks has the most prominent impact on BCSI. The rise of GDP growth rate (GDP R) is the most obvious way to alleviate the comprehensive pressure faced by the banking system. The exchange rate of US dollar to RMB has a significant impact on BCSI.

Key Words: Bank Comprehensive Stress Index, Bank Systemic Risk, CRITIC Empowerment

以“绿色区块链”技术突破绿色金融发展瓶颈

张　咪①

摘　要　绿色金融作为打好污染防治攻坚战及发展绿色经济的重要一环，其发展一直备受期待，但在实践中其仍面临信息共享水平低、监管难度大、产品和服务风险大等挑战。“绿色区块链”作为一种基于“联盟链”的多中心化技术体系，是突破绿色金融发展瓶颈，进入信息共享、易监管、智能化高级阶段的有力创新手段，将促进现有绿色金融体系规则的改良，解决环保权利和义务的不对等，构建共享共赢式发展生态体系，助力我国绿色经济可持续发展。

关键词　绿色区块链　绿色金融　联盟链　智能合约

环境保护和可持续发展问题关乎人类生存和发展，因此“绿色金融”概念自1991年提出以来，便引起了国内外许多领域的专家和学者关注，经过三十多年的发展，绿色金融取得了一定成果，但也面临诸多挑战，尤其是在信任方面。而“绿色区块链”作为一种基于对等网络的分布式账本系统解决方案，是绿色金融发展到分布式、智能化、可审计和易监管高级形态的一种有力创新实施方案。基于此，本文将对绿色金融发展中遇到的难题进行梳理和归纳，分析绿色区块链自身所具有的优良特性，旨在解决绿色金融发展中遇到的难题，为我国绿色金融的发展提供可借鉴的经验与理论依据。

1. 我国绿色金融发展的难点

1.1　环保企业与金融机构信息不对称

虽然在环保企业、金融机构、政府部门等主体内部信息化建设比较完善，但是在不同主体之间，存在严重的信息不对称现象。尤其是在环保企业与金融机构之间，由于专业限制等原因，金融机构对环保企业的相关信息知之甚少，获取信息的渠道不足、成本较高、时间滞后，一方面导致金融机构在开展相关

① 张咪，中共山东省委党校经济学教研部，研究生，研究方向为政治经济学。电话：15820005607，E－mail：592572487@ qq. com。

绿色金融业务时面临的风险较大，另一方面导致部分绿色中小企业无法享受到应得的融资等支持，降低了绿色金融服务污染防治攻坚战的效果。

为解决信息不对称问题，参与采集、研究和发布企业绿色信息的第三方评估机构发挥了积极作用。但是我国的生产性服务业发展水平较低，权威的第三方评估机构数量少，数据处理技术尚有不足，难以满足为支撑绿色金融开展服务的大范围、多环节、超精准数据信息的需求，使得信息持续跟踪能力不足，无法真正解决环保企业与金融机构之间的信息不对称问题。

1.2　法律对绿色金融发展的监管不足

由于我国绿色金融发展处于起步阶段，相关的法律制度尚不完善，监管的范围较小、依据不足、力度不够，因此暴露出很多问题，尤其是在信息安全方面。绿色数据是环保企业在生产、经营过程中产生，与相关金融机构、政府部门共享的商业数据资产，目的是获得相应的绿色金融支持。但在共享过程中，由于缺乏制度保障和技术支撑，数据的使用路径无法跟踪，安全难以保证，商业信息泄露风险较大，企业绿色信息提供者的合法权益很难得到充分保护，因此许多企业主动进行绿色信息共享的意愿不足。

监管不足一方面使得商业信息存在泄露的风险，另一方面使得一些企业产生利用法律漏洞获取利益的想法。政策洼地使环保企业看到了套利机会，某些企业可能会通过捏造绿色项目非法获取绿色金融资金支持，或将一个绿色项目分成若干小项目多次获取信贷资金，甚至仅通过一两个绿色项目将自身企业描绘成绿色企业，甚至骗保等“洗绿”行为。

1.3　融资资源配置存在帕累托改进

绿色金融的发展单由任何一方都难成气候，只有政府、金融机构、企业和社会各方通力合作才能实现长足发展，法国为保护环境提高汽油税引发巴黎暴动就是典型的反面教材。从目前的国内情况来看，社会各界对绿色金融并未达成共识，连金融机构、环保公司对其的重要性也存在认识不足的现象。

作为绿色金融的发展主体，金融机构中只有小部分充分认识到发展绿色金融是实现盈利新途径、转型新方向的好方法，从而进行金融产品创新等有益尝试，但大部分金融机构甚至四大行仍未广泛参与其中，一定程度上限制了绿色金融产品的融资规模和融资渠道。

环保企业作为绿色金融的重要主体，对绿色金融的了解尚有不足，即使有的环保企业了解透彻也不见得能获得融资支持。依据现行绿色金融融资标准，具备一定规模的大企业和政府主导的环保项目更受金融机构青睐，往往能获得绿色信贷支持，而中小型环保企业作为环保行业的主力军，却由于规模不足，市场占有率低等原因无法吸引到绿色金融的相关支持，这种不均衡的融资资源配置在很大程度上加剧了中小环保企业融资难问题。

2. 绿色区块链提供的解决思路

2.1 绿色区块链的内涵

“绿色区块链”是对区块链的延伸和发展。区块链是在 2008 年由中本聪提出的，指的是一种去中心化的、不可伪造和篡改信息的、可自动执行智能合约的技术体系，按照网络范围分为公有链、联盟链和私有链。相比区块链，“绿色区块链”更侧重于环保，是一种以联盟链为主，对特定环保机构开放，具有准入机制，对内部参与者数据公开的多中心化可持续发展的技术生态系统。

（1）在底层技术层面，绿色区块链以联盟链为主，采用高效可扩展的共识算法。

（2）在数据和应用层面，由绿色数据资产和绿色应用平台共同构成绿色生态体系。

（3）在算法层面，有哈希算法、实用拜占庭容错（PBFT）共识机制和 bft - raft 算法。

（4）在服务领域层面，致力于服务绿色经济发展。

2.2 绿色区块链的本质

虽然区块链产业处于起步阶段，但市场对区块链的需求日益强烈，服务于实体行业才是其发展的应有之义。相比区块链系统，绿色区块链技术体系是以联盟链为主，倡导和实践环保、贡献绿色资产的专业化区块链体系。其具有以下基本特征：

1. 环保机构内部开放的联盟链

区块链的技术发展路径大致分为公有链、联盟链和私有链三种，联盟链不同于另两者的关键在于其具有准入门槛，是对特定组织如环保机构开放的区块链。另外，这种部分意义上的分布式是“多中心化”或“次中心化”的信任模型，既保证了数据有一定的隐私性，又使得开发者在共识下有更改协议的能力，还解决了公有链硬分叉的问题。

2. 可编程的智能合约

智能合约是事件驱动的、具有状态的、获得多方承认的、运行在区块链数据库上的计算机程序，可编程的智能合约类似于可以添加限制条件的智能交易合同，当合约编码上链后便会受到联盟链上所有参与者的检验，并在满足源代码中写入的条件时自动执行。在一个多中心化的环境中，如果没有智能合约的限制，便无法规制繁多的交易模式和千差万别的交易条件，因此可编程的智能化合约不可或缺。例如，当财政资金拨款给环保企业时，可编辑一段程序写入其中，规定拨款的使用范围，使该笔拨款只能用于降低污染能耗，而不能用于其他支出。

3. 智能化的绿色生态系统

信息不对称问题归根结底还是数据信息掌握不足导致的，绿色区块链可利用分布式、多中心化、不可篡改和协同共识的特性，将分散的数据连接整合，打破信息孤岛，构建覆盖政府、金融机构、企业等主体的智能化绿色数据库，然后通过设计责任共担、利益共享的经济激励模型，利用哈希算法、PBFT 和 bft－raft 算法将其可视化，从而实现数据信息在相关利益方之间的高效可信流通、共享和使用。

绿色区块链不仅能构建信息共享系统，并且能够通过“跨时间的共识机制”，充分挖掘联盟链内的环境数据和资产的巨大价值，实现价值流转的唯一性，明晰产权的界定与流转，构建绿色生态价值系统，开创义利结合、监管和激励互为补充的环保新模式，推动生态环境可持续发展。

2.3 绿色区块链的发展方向

中国知网上关于区块链的论文数量从 2016 年开始快速增加，截至 2018 年 12 月初，涉及区块链的知网文献已达 4901 篇，公开专利 2538 件，国内外研究项目有上百个，但是目前多数对区块链的研究仅停留在研究、测试阶段，产业发展尚处于初期阶段，没有成熟的商业模式和大规模的市场应用，面临诸多问题和挑战，无法为国家战略和实体经济服务，这导致了其发展的不可持续性。一个能与实体经济结合，具有经济和社会双重效益的区块链技术体系是实现区块链行业可持续发展的关键，也是区块链产业化发展的条件。“绿色区块链”这一以联盟链为主，多中心化的技术生态系统将以环保为切入点，通过完善绿色金融体系，服务绿色实体经济，实现区块链行业的可持续发展。

第一，绿色区块链的根本出发点是服务于绿色可持续发展，战略定位清晰。第二，与环保有关的绿色信贷、绿色保险、绿色证券等绿色金融蓬勃发展，为绿色区块链生态系统提供了充足的资金支持。第三，联盟链将政府、环保企业、金融机构等主体紧密联合，构建起交流自由且机密的信息大厦，既打破了沟通屏障又保证了数据安全。第四，通过不断优化底层架构、算法、智能合约等技术，不断完善绿色区块链生态系统，打造绿色环保的绿色金融市场和可信交易市场。

因此，区块链行业在未来一定会进行绿色分叉，形成以绿色环保为目标，绿色共识机制为基础，联盟链、智能合约、哈希算法和 PBFT 算法等为技术手段，与绿色金融构建绿色技术生态系统的绿色区块链行业，实现区块链行业的可持续发展，从而推动环保标准的建立和环境资产交易市场的完善，为践行绿色发展理念，打赢污染防治攻坚战提供技术支持。

3. 绿色区块链破解绿色金融发展困境之策

绿色金融能为绿色经济服务的要义，在于信息的有效化、业务的参数化、技术的稳定化和流程的闭环化。绿色金融是典型的多主体参与、信用机制不完善、信息不对称、信用标的非标准的场景，与区块链技术有天然的契合性。绿色金融发展要突破目前的瓶颈，就要在绿色区块链的主导下，运用先进的技术手段和符合市场化的经济激励措施，协调政府、环保企业和金融机构的关系，形成通力合作互利共赢的新局面。

3.1 建立绿色区块链机制，参与绿色金融改革

绿色金融发展遭遇困境，必须进行大刀阔斧的改革，尤其是在技术层面，现行的技术无法保证信息的安全、顺畅交互流通，绿色区块链所具备的技术优势恰恰是突破困境的有力手段，通过绿色区块链改造现有环保企业发展模式，简化业务流程，提升效率和用户体验，降低成本。信息能够在绿色区块链提供的可信执行联盟链内畅行，用极低的边际成本覆盖这一庞大的环保市场，并保证了信息的安全有效。因此要加快建立由政府、金融机构和环保产业联盟共同参与的绿色区块链研究工作机制，开展相关研究、测试和应用，出台绿色区块链应用于绿色金融的相关技术标准，建立绿色金融信息共享机制，形成企业公认甚至国内公认的技术体系，形成技术、产业和投资的合作共赢，促进经济的可持续发展。

3.2 利用联盟链和哈希算法保障信息安全

根据参与主体以及管理权限的不同，区块链包括公有链、联盟链和私有链三种，其主要特征如表 1 所示。

表 1　公有链、联盟链、私有链特征比较

种类	公有链	联盟链	私有链
中心化	去中心化	多中心化	中心化
信任机制	共识机制	共识机制	自定

续表

种类	公有链	联盟链	私有链
记账人	全网	参与者协商；动态决定	自定
参与人	所有人	预设成员	中心指定
优点	解决信任问题；参与者多	易进行权限控制；解决信任问题；可扩展性高	规则易修改，交易速度快；能耗低
缺点	交易量受限；能耗高；易受攻击	能耗随成员增加而增多	接入节点受限；不能完全解决信任问题
场景使用	各节点无信任	多个公司或组织参与	节点间可信度较高

由三者的特征我们可以得出，联盟链既解决了信任问题，又保证了信息安全，也没有太大能耗，是最适用于绿色金融解决自身问题的技术方法，并且多中心化又能使每个参与主体成为独立的信息使用中心，能够直接与其他交易主体进行信息传递。除联盟链外，区块链密码学中特有的哈希算法也为信息保护提供了强有力的技术支撑。通过哈希算法，联盟链上的各个参与主体实现了在不透露明文信息的前提下，通过"时间戳"验证链上信息的真实性和有效性，解决了在不泄露具体交易内容的情况下非交易节点参与点对点交易验证的问题。哈希算法的这一功能，能够解决环保企业与金融机构在开展绿色金融业务时遇到的信息不安全问题，保证了环保企业对交易路径、交易内容的隐私保护，密码学的算法设计实现了更精细的隐私保护，为绿色企业信息保护提供了更有针对性的保障。

3.3 通过可编程的智能合约实现环境数据的协同采集

打好污染防治攻坚战的首要前提是能够对污染排放实施有效监管，而企业数据造假的现象屡禁不止，关键问题便是监管难度大、成本高，而企业存在虚报数据降低环保成本的动机。依据智能合约的定义和绿色区块链的运行过程可知，数据上链后，通过绿色区块链构筑起的绿色数据库能确保数据真实不可篡改，实现了政府监测数据、环保企业披露数据、金融机构信用数据等多个节点的同时采集，这样一方面能够避免单点故障，另一方面通过时间戳实现了数据的协同验证，能够提高上传至联盟链的原始数据的准确性和可靠性。上链后的数据会受到联盟链上所有参与者的检验，然后按照可编程的智能合约，满足源代码条件的合约便可自动执行，实现了操作流程的自动化，无须人工干预，防止了人工干预造成的数据造假、误差和低效，提升了交易的可信度。因此在一个多中心化的环境中，可编程的智能合约既可以使交易流程更加公开、准确和高效，又能规制繁多的交易模式和千差万别的交易条件，从而规避某些环保企业数据造假等问题，使得绿色金融能更好地服务于实体经济。

3.4 应用绿色区块链建立反欺诈共享平台

绿色金融中保险行业的骗保等“洗绿”欺诈行为日益猖獗，很大程度上是由于事前评估存在逆向选择和投保后存在道德风险造成的，应用绿色区块链建立反欺诈共享平台，首先通过历史索偿信息在技术上保证事前评估的真实性，一定程度上削弱逆向选择的可行性，其次根据智能合约将入保公司根据商业规则建立“唯一可识别的身份信息”，建立环保企业的“身份证”，然后通过将入保合同、报案数据等上传至“联盟链”，链上的每起案件都会成为不可篡改的数字签名，并利用可编程的智能合约融合投保对象的历史信息、财务报表等多种数据源，既提高了保险公司的反欺诈能力，又简化了理赔流程，提高了效率和服务水平。如果新的保险理赔案件上传至链，系统会自动将理赔信息与链上已存在的数字签名进行比对，提高识别骗保等保险欺诈行为的能力，通过反欺诈共享平台能够有效降低“洗绿”等欺诈行为的发生率。

3.5 重构数字经济发展生态

绿色区块链改变了环保行业、金融机构的应用场景和运行规则，在与绿色金融融合发展的过程中必将衍生出更多新模式、新业态，重构数字经济发展生态。绿色区块链在促进绿色金融转型发展的过程中要具体问题具体分析，针对不同的参与者要有不同的行为准则规范。首先，对节能环保型企业而言，为保持其节能减排的动力，将通过把其环保数据如碳减排量等上链资产化，实现可信流通和交易，获取更多绿色金融支持如绿色债券、绿色低息贷款等。其次，对政府机构来说，通过应用绿色区块链，可以获取更多真实可信的环保数据，有利于加强环保监管，为制定环保产业政策和发放环保方面的财政支持提供可靠依据，并且打破数据孤岛，实现政府机构间的数据共享和业务协同。最后，政府或企业可以通过依托绿色区块链技术开发的环保型 APP，实施收集和量化绿色环保行为，如网络购票、在线缴纳各种费用、网络挂号、绿色出行等，将上述环保数据上链储存，通过智能合约将参与者的环保行为量化为数据资产，激发人们环保的责任感与使命感，例如在 2018 年 7 月，杭州市发展规划研究院与杭州区块链技术与应用联合会合作，探索如何将区块链技术用于垃圾分类项目治理中，通过区块链技术解决方案，获取杭州每天垃圾的处理方式和费用，激励人们积极参与垃圾分类。在其他环保领域，也可推行相关业务，从而有利于社会倡导绿色低碳的生活方式，形成人人环保的良好局面。

近年来，包括中国、美国、英国、西班牙、德国在内的许多国家，跨国联盟、金融机构、投资公司等众多组织纷纷研究、布局和应用区块链技术，系统性地研究全球绿色金融领域的实践经验，并在银行和资本市场绿色化方面提出了一系列创新性的思路[3]。这些研究探索有助于绿色区块链突破绿色金融发展困境，建立透明高效的环境资产交易机制，优化环保领域的生产关系，从而解决环境领域权利与义务不对等的问题，调动各参与主体的积极性，共同为构建美丽中国贡献力量，加快推进全国生态环保大会目标的达成。

参考文献

[1] 张伟，吕雯. 借助区块链技术推进绿色金融发展 [J]. 清华金融评论，2017 (12): 95 - 98.

[2] 李伟. 中国区块链发展报告 [M]. 北京：社会科学文献出版社，2017: 30 - 32.

[3] “绿色区块链”将重塑区块链和环保行业 [EB/OL]. https: //www. sohu. com/a/245938992 _ 447196.

[4] 马骏. 中国绿色金融展望 [J]. 中国金融，2016 (16): 20 - 22.

[5] 何广锋，黄未晞. 区块链技术本质以及对金融业的影响 [J]. 清华金融评论，2016 (4): 102 - 106.

[6] 董捷. 我国绿色金融发展的现状、问题和对策 [J]. 工业技术经济，2013，32 (3): 156 - 160.

[7] 京东金融，中国信通院. 区块链金融应用白皮书 [R]. 2018.

[8] 张伟. 绿色金融即将迎来 3.0 时代 [N]. 中国环境报，2015 - 04 - 16 (009).

[9] 翁智雄，葛察忠，段显明，龙凤. 国内外绿色金融产品对比研究 [J]. 中国人口・资源与环境，2015，25 (6): 17 - 22.

[10] 张苑. 区块链技术对我国金融业发展的影响研究 [J]. 国际金融，2016 (5): 41 - 45.

[11] 胡鞍钢，周绍杰. 绿色发展：功能界定、机制分析与发展战略 [J]. 中国人口・资源与环境，2014，24 (1): 14 - 20.

[12] 林晓轩. 区块链技术在金融业的应用 [J]. 中国金融，2016 (8): 17 - 18.

[13] 刘晓春. 以五个闭环突破金融科技瓶颈 [J]. 中国金融，2018 (18): 57 - 58.

[14] 易欢欢. 从技术角度看绿色区块链之——资产和应用平台 [Z]. 搜狐网，2018 - 06 - 08

[15] 易欢欢. “绿色区块链”将重塑区块链和环保行业 [Z]. 搜狐网，2018 - 05 - 29.

[16] 浙江在线．杭州有望将区块链用于垃圾分类［Z］．中国环联，2018 - 07 - 16.

[17] Irni Eliana Khairuddin，Corina Sas，et al. Exploring Motivations for Bitcoin Technology Usage［C］．CHI Conference Extended Abstracts on Human Factors in Computing Systems. ACM，2016：2872 - 2878.

[18] Roman Matzutt，Oliver Hohlfeld，Matzutt R，et al. POSTER：I Don't Want That Content！On the Risks of Exploiting Bitcoin's Blockchain as a Content Store［C］．ACM Sigsac Conference on Computer and Communications Security. ACM，2016：1769 - 1771.

[19] Claus Dierksmeier，Peter Seele. Cryptocurrencies and Business Ethic［J］．Journal of Business Ethics，2016：1 - 14.

[20] Cowan E. Topical Issues In Environmental Finance［Z］．Research Paper Was Commissioned by the Asia Branch of the Canadian International Development Agency（CIDA），1999（1）：1 - 20.

不忘初心，继续前进

《中国金融学》诚邀投稿

《中国金融学》，一份有情怀的读物。

* 有历史：怀着服务中国金融的初心，创始于 2003 年。
* 有底蕴：已经发表了上百篇高水平的金融学术论文。
* 有情怀：致力于为中国经济社会发展提供金融方案。
* 有实力：由清华、川大、浙大、人大四所名校合办。
* 有高参：由国内外著名的资深学者组成学术委员会。
* 有特色：既持续关注传统金融，也紧密追踪新金融。
* 有深度：既有学界资深前辈，也有新锐的后起之秀。
* 有热情：诚邀国内外学界优秀学者、精英踊跃投稿。

《中国金融学》创始于 2003 年，旨在为中国金融研究者提供一个高端学术平台。在创办的十多年里，《中国金融学》瞄准金融理论与实践前沿，发表了上百篇高水平的金融学术论文。《中国金融学》现由清华大学、四川大学、浙江大学、中国人民大学共同合办，每季度编一辑。

本书坚持对标国际先进理论与实践，扎根中国金融体系，倡导规范研究，鼓励理实融合，开放学术争鸣。本书既持续关注金融市场、公司金融、公共金融、国际金融等传统金融问题，也紧密追踪科技金融、金融科技、互联网金融等新金融问题。无论是学术上还是实践上，本书致力于为中国经济社会发展提供金融方案。

投稿指南

1. 投稿请寄邮件至：zgjrxqk@163. com，以电子原稿附件形式发送，备注：论文投稿。

2. 文章格式：文末阅读原文，下载《中国金融学》投稿格式。

3. 本编辑部有权对来稿作文字修改、删减。如作者不同意编辑部对文章进行修改和删减，请在来稿中注明。

4. 作者：作者姓名在文题下按顺序排列。作者单位及邮政编码脚注在同页左下方，并附第一作者简介（含性别、出生年月、最高学历、职务、职称、工作单位、联系电话、E－mail，有相关著作论文发表的，请主要列出）。

5. 著作权事宜：作者文责自负，请勿一稿多投。本编辑部可对来稿作文字修改、删节。来稿决定使用后，由我编辑部发放专用录稿通知，专有使用权归本编辑部所有。如发现抄袭、冒名等违反著作权法相关规定的，文责由作者自负。

6. 审稿期为3个月，如未录用，请自行处理。

7. 联系电话：18601375518
   联 系 人：姜楠

8. 联系邮箱：jiangnan@xinhua08. com. cn。

9. 编辑部地址：杭州市江干区杭海路601号浙大AIF（江干）产研中心，邮编：310020。

《中国金融学》编辑部

浙江大学互联网金融研究院
ACADEMY OF INTERNET FINANCE
ZHEJIANG UNIVERSITY

浙江大学互联网金融研究院（Academy of Internet Finance，Zhejiang University，以下简称浙大 AIF）成立于2015 年4 月，是中国首个立足于学科体系发展的互联网金融研究院。

浙大 AIF 汇聚了浙江大学经济、法学、管理、数学科学、计算机科学与技术、公共管理等学院的研究力量，开展跨学科研究，致力于成为引领国际的中国新金融智库和培养互联网金融人才的世界级基地。

浙大 AIF 在互联网金融发展、互联网金融法律、互联网与创新金融、数学与互联网金融、互联网金融技术五个创始研究中心的基础上，先后成立了区块链工作室、司南工作室、金融国际化工作室、创业金融工作室、互联网老龄金融工作室及云基础设施硅谷研究室，其他专题工作室陆续筹建中。

自建院以来，浙大 AIF 先后出版发行了《中资银行国际化报告》《砥砺前行，守得云开？——中国 P2P 网贷行业 2016 年度报告》《扬帆起航——走向国际的中资保险公司》《互联网金融理论与实务》《创业金融实践》等一系列研究成果。

浙大 AIF 积极拓展国际学术交流与合作，实行全球化战略布局，国内以北京、上海、深圳为基地筹建分院，国际以伦敦、硅谷、新加坡为基地筹建分院，目前北京分院、伦敦分院、上海分院、硅谷分院均已挂牌成立。

此外，作为浙江互联网金融联合会的联合理事长单位和全国金融标准化技术委员会互联网金融标准工作组的首批成员单位，浙大 AIF 积极助力互联网金融行业健康发展。

《中国金融学》网址
www. chinafinancejournal. org. cn

《中国金融学》微信公众号